太田垣章子
Ayako Ohtagaki

家賃滞納という貧困

ポプラ新書
165

はじめに

いま賃貸物件の家賃滞納は、確実に増えていると感じます。

一昔前の滞納は、事業が失敗した等の単純な理由が大半でした。でも今は景気の低迷や年金受給年齢の引き上げ、低賃料物件の減少等、その理由はさまざまです。

年金だけでは家賃が払えなくなった高齢者を、助けるはずの子世帯も経済的に余裕がありません。親世帯の年収が下がっているため、学生や社会人になったばかりのわが子の滞納をカバーすることもできません。雇用も安定せず、将来の不安を抱えるなか貯金もままならず、誰もがほんの僅かなきっかけで家賃を滞納してしまうことがあります。でも軽く考えてはいけません。「家賃滞納」は「貧困」の入り口であり、そのシグナルでもあるのです。

しかも滞納から始まる貧困は、決して「他人事」ではなく「明日は我が身」かもしれません。

約16年間家賃滞納の現場を見続けてきた者の責任として、「誰もが貧困に陥ってしまう可能性がある」「日本の抱える闇の深さ」を多くの人にアナウンスする必要性を感じ始めていた私がその思いを強めたきっかけが、取材を受けた朝日新聞のネット配信記事に対する反響でした。

滞納現場の記事は、ウィズニュースとYahoo! ニュースだけでも約７５０万以上のＰＶ（ページビュー）を記録し、コメントも貧困関連の記事にありがちな自己責任に偏った意見ではなく、共感する声が圧倒的に多かったのです。漠然とした貧困への恐怖、現代社会への憤り、将来の不安を多くの人が感じていることを知り、この本を書く決意と繋がりました。

生活の基盤となる住居。住まいは、生きる拠り所でもあります。そこには様々な人間模様、人生の交錯があります。だからこそ家賃滞納という問題の背景には、貧困問題以上に、一人ひとりの生き方や今この国の抱える闇が反映されてしまうのです。

誰もが滞納してしまう可能性を秘めているその躓きを、ポイントの異なる18の実例をもとに、可能な限り当時の状況に忠実に本著を書き上げました。

私自身、30歳で生後6カ月の乳飲み子を抱えて離婚を決意し、6年間にわたり極貧生活を経験しました。この間働きながら勉強して、36歳で司法書士となった身です。幸運にして合格できたので貧困生活から脱出することができましたが、その間にほんの僅かな躓きがあれば、確実に家賃を滞納する側にいたでしょう。まさに綱渡り状態でした。

生活に追われ、お金に追い詰められると、人は余裕を失います。生きる活力も奪われます。目先の考えは「今日をどう凌ぐか」に囚われてしまうのです。視野が狭くなっているため、改善策もみつけられません。その思いを十二分に味わってきたからこそ、私には家賃滞納をしてしまう人の気持ちがとてもよく分かります。

平成14年の法改正で、認定を受けた司法書士は簡易裁判所において、訴訟代理人として法廷に立てるようになりました。多くの司法書士が借金の過払いなどの債務整理業務に従事したなか、貧困を味わった私は「お金を借りられたありがたさを仇で返す」ように感じてしまい、どうしても過払い金請求には馴染めませんでした。ならば少しでも気持ちを理解することのできる、家賃滞納者に寄り添おうと思ったのです。

闇の中で出口を見つけられない滞納者。一日でも早く人生の仕切り直しができるように、現地に何度も通い、訴訟と並行して退去に導く交渉を重ねてきたのです。気がつけばこの16年間、延べ2200件以上、家主側の訴訟代理人として、滞納者と、日本の抱える闇と貧困に向き合ってきました。

その中で、どうしようもない悪質な滞納者もいました。一方でがんばってはいるけれどお金がないと、もがいている滞納者もいました。本来、訴訟代理人としての仕事は、手続きで「明け渡せ」の判決をとればいいこと。ましてや認定司法書士は簡易裁判所の訴訟代理人にはなれますが、強制執行の代理人にはなれません。それでも現場に足を運んできたのは、「誰かのサポートが必要なら、その役を買って出ても寄り添ってあげたい」そう思ったからです。そこでは司法書士としてというよりは、ひとりの貧困経験者としての思いが勝ります。追い詰められ苦しみ続けた6年間の傷ついた当時の自分を、手助けしてあげようという感覚に近いかもしれません。

「一億総活躍プラン」そう掲げる首相。しかし滞納の現場を見る限り、そう簡単なものではありません。

誰もが貧困に陥ってしまう、そんな可能性を秘めているこの日本。その環境で育つ子どもたちも、被害者です。そして急速に高齢化社会に突入するなかで、持家を持たないすべての方に、そして貸す側の家主さんも含め、ひとりでも多くの方にこの本を読んでいただき、「決して他人事ではない」ことを感じていただければ幸いです。

家賃滞納という貧困／目次

第2章　そこにあるのは「甘え」なのか

第3章　家賃滞納の知られざる闇

序章

家賃を滞納すると何が起こる？

意図的であるなしにかかわらず、何らかの原因で家賃を滞納すれば、家主や管理会社、あるいは家賃保証会社から電話なり文書なりで支払いの督促を受けることになります。連帯保証人へ連絡がいくこともありますが、この段階で督促に応じて支払うことができれば、通常の場合は賃借人（借主）にペナルティは発生しません。

複数回にわたる督促にも応じない場合は、「期限までに支払いがない場合は契約を解除する」旨が書かれた「契約解除の予告通知書」が内容証明郵便で届けられます。これは、家主側が法的な手続きを進める準備に入っていることを意味しています。また、内容証明郵便とは、「いつ」「だれが」「どこに」「どのような内容」の書面を送ったかを証明する書類なので、「聞いていなかった」「知らなかった」という言い訳は通用しません。

定められた期限までに滞納した家賃を全額返済できれば契約解除は免れますが、家主との信頼関係はすでに破たんしている状態です。そのため再び家賃を滞納した場合は、部屋を任意に明け渡すと約束した確約書を取り交わすことが一般的です。もう二度と滞納はしないよう、賃借人にプレッシャーが与えられることになるわけです。

一方ここで任意退去に応じる場合は、賃貸借契約を解約し部屋を明け渡します。これは通常の部屋の退去と同じです。ただし滞納家賃の全額を一括で支払えない場合には「分割払い確約書」を取り交わし、分割にて滞納額を支払います。

期限までに滞納家賃の支払いもなく、退去にも応じない場合は、いよいよ法的な手続きが開始されることになります。つまり、家主による明け渡しの裁判が提起されるのです。

なお、家主側から賃貸借契約の解除をするためには、「家賃3カ月分程度の滞納があること」「一定の期間を定めて支払いを求めているにもかかわらず、家賃の支払いがないこと」「信頼関係が破綻したこと」という条件を満たすことが必要とされているので、2カ月分までの家賃滞納では法的な手続きが開始されることはまずないと考えてよいでしょう。ただし逆に言えば、3カ月以上滞納し、督促に応じなければいつ裁判を起こされても不思議ではないということになります。

訴訟が提起され、家賃滞納に合理的な理由がない場合（部屋が使えなかった等）、賃借人側の家賃支払いの債務不履行は明らかなので、通常はすぐに明け渡しの判決が言い渡されます。

それでも賃借人が部屋を明け渡さない場合には、家主はさらに強制執行の申し立てをします。この手続きは、通常2回に分けて行われます。

1回目は、催告といって、裁判所の執行官が直接賃借人のもとを訪れ、室内に立ち入り、執行手続きになったことを伝えます。室内には公示書が貼られます。この書面には1カ月以内の日と時間が期日として示され、それまでに退去していなければ、荷物をすべて撤去する旨が明記されています。

公示書に書かれた日時までに退去しなければ、執行手続きが断行されます。執行官が部屋に立ち入り、荷物を撤去し、鍵を換えて、賃借人が勝手に室内に立ち入れないようにします。ここまでくればようやく家主は、次の入居希望者にこの部屋を貸すことができるようになります。

運び出された荷物は、執行官がゴミと判断した物以外はいったん倉庫に保管されて、その後、廃棄処分するか売却手続きとなります。保管期間は最長１カ月とされています。強制退去させられた賃借人は、その間に保管場所に足を運べば自分の荷物を受け取ることは可能です。ただ実際には賃借人側が荷物を取りにくることは、ほとんどありません。通常は決められた日に廃棄されるか売却されて、すべての一連の手続きが終了となります。

【家賃滞納から強制退去までの流れ】

家賃滞納

↓

電話・手紙による支払いの督促

↓

連帯保証人への連絡

→ 滞納家賃の一括支払い
または、分割払い確約書の
取り交わし

◎支払いがないまま、
3カ月分の家賃を
滞納した場合

↓

内容証明郵便による「条件付解除予告通知書」送付

→ 滞納家賃の一括支払い

＊ペナルティはないが、
再び滞納した場合は、退去する旨の
確約書を交わすのが一般的

◎支払いがない場合

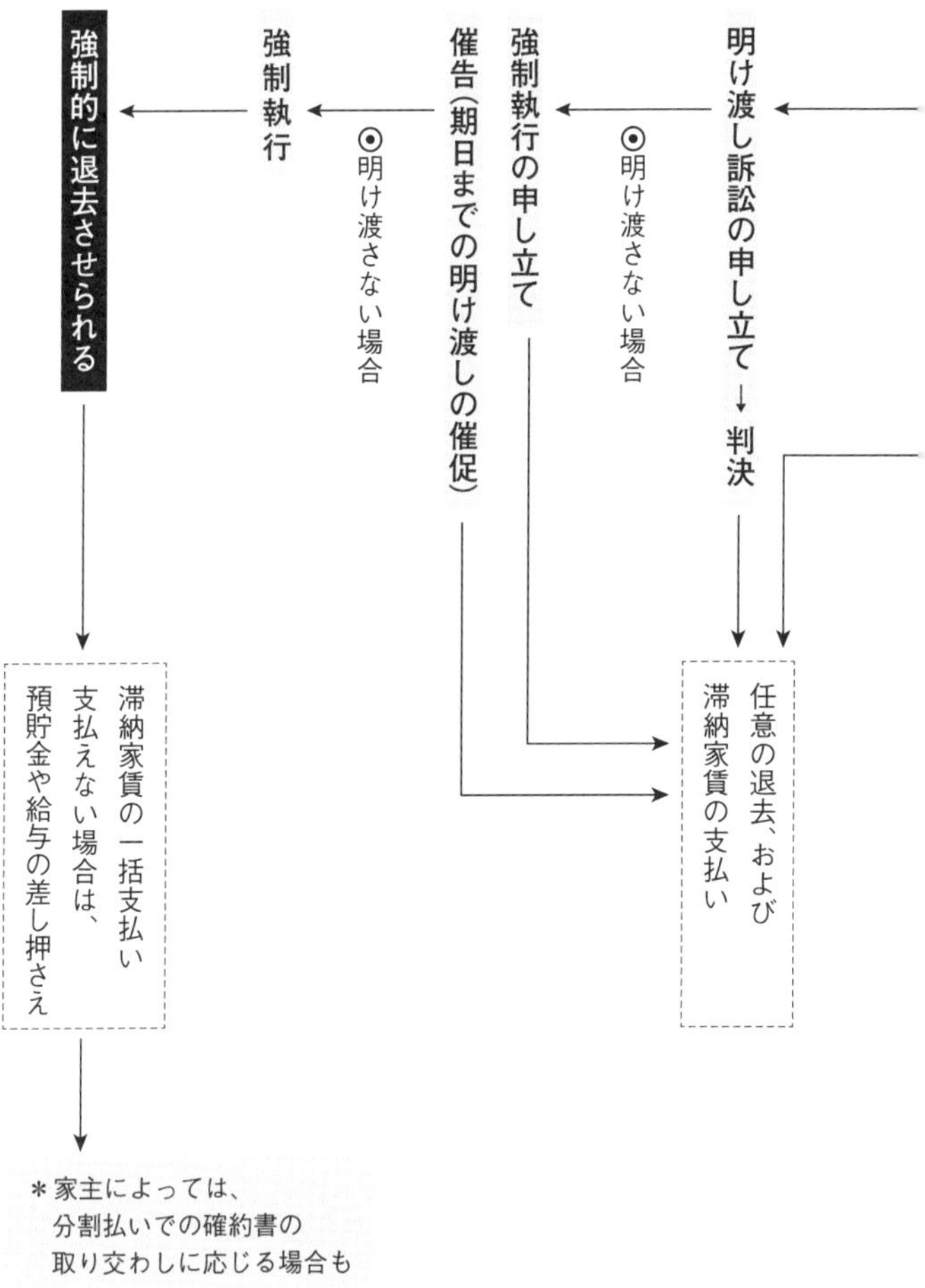
明け渡し訴訟の申し立て→判決
◉明け渡さない場合
強制執行の申し立て
催告（期日までの明け渡しの催促）
◉明け渡さない場合
強制執行
強制的に退去させられる
任意の退去、および滞納家賃の支払い
滞納家賃の一括支払い
支払えない場合は、預貯金や給与の差し押さえ
＊家主によっては、分割払いでの確約書の取り交わしに応じる場合も

第1章

誰もが「紙一重」の家賃滞納

【事例 1】

中流以上の生活からの暗転

かつて一億総中流社会と言われていた日本。がんばれば家が持て、マイカーまでも所有できました。雇用も安定し、将来の不安もなかったのではないでしょうか。勤め上げれば、退職金も年金も当たり前のようにもらえ、老後に孫たちを引き連れての旅行だって楽しむことができました。

しかしバブルが崩壊し、日本経済は大きく変化していきました。大企業が倒産する時代。年金も受給年齢は先送りとなり、金額だってこの先どれだけ受け取ることができるのか不明です。定年の年齢も引き上げられてきましたが、年金受給までの空白の期間もあります。

人生100年の時代。反面、長い老後のための資金が足りません。働ける間は少しでも働きたい。多くの人がそう思っているはずです。

それでも国民の多くは、自分が貧困と紙一重のところにいるとは思っていません。

相馬理香さん（以下すべて仮名、29歳）も、そのひとりでした。

その日、彼女は2歳になる娘と、いつものように部屋で遊んでいました。幼稚園に通うようになるまでの、母と子とのゆったりとした時間。穏やかなひときでした。

「裁判所です。相馬さん、いらっしゃいますか？」

突然インターホンが鳴りました。

裁判所？　何かの間違いだろうし、鍵を開けるのが怖かったのでしょう。へンな詐欺商法だったら怖いから……。理香さんは、インターホン越しに息を潜めました。

またインターホンが鳴ります。

「裁判所です。相馬さん、いらっしゃいませんか？　鍵開けますよ」

同時にドアが引っ張られ、がちゃがちゃとノブが鳴る音が聞こえました。怖い！　そう思った次の瞬間、見知らぬ男がドアの鍵を開けたのです。

「いらっしゃったのですね。裁判所です。相馬さんですか？」
ドアの向こう側に、数人の男性が見えました。差し出された名刺を見ると、地方裁判所の執行官と書かれています。
「相馬一人さんが家賃を払っていらっしゃらないからね、強制執行で来ました。奥さんですか？　ちょっと中に入っていいですか？」
執行官と名乗る人が何を言っているのか、理解できませんでした。

家賃を払ってない？　何のこと？

頭がパニックになって、執行官と名乗る人の説明も頭に入ってきません。部屋の壁に1枚の紙が貼られましたが、それすら意味が分かりません。とにかく一人に電話しなきゃ……。涙声で、うまく喋れません。

一人さんから「家に戻ったら説明する」と言われ、そこで初めてこれが現実のことだと知ったのです。

幸せな家庭を暗転させた起業

賃借人である相馬一人さん（30歳）は、消え入るような声で語ります。

「妻にはどうしても言いだせなかったんです」

一人さんは有名私立大学を卒業後、大手の広告代理店に就職。年収は同世代の中でも良い方で、28歳にしてすでに日本の平均年収を軽く超えていました。

学生時代から付き合った理香さんと25歳で結婚し、すでに5年。娘も生まれました。世田谷にある家賃18万円超えの部屋に住み、傍《はた》から見ても幸せな家族だったに違いありません。


坂道を転がり落ちるきっかけは、起業でした。

仕事が楽しくて仕方がなくなった頃、40代で年の半分を海外で過ごす、そんな人の記事を目にしました。パソコン1台でどこでも仕事ができる。不動産投資や株投資で、不労所得もある。そんな内容でした。株や不動産が稼いでくれるなら、仮に年金が入らなくなったとしても、心配することはありません。

こんなカッコいい人もいるのだ、と衝撃でした。会社は大手で安定していたけれど、自分がぬるま湯に浸かっている気がしました。もっと刺激的な生活をしたい、もっと稼ぎたい、そのためにはここから飛び出そう、そう夢見た結果の独立でした。

今なら、もっと準備期間を取るべきだったとわかります。でもその時は、ただただ記事に刺激され、一日でも早く勝負の世界に出たいと現実が見えていませんでした。

理香さんはサラリーマン家庭に育ったので、もともと起業には反対でした。

それでも反対を押し切って、29歳のときに独立起業。

売り上げの目途は立っていました。サラリーマン時代に担当したクライアントも、独立したら仕事を任せてくれると言ってくれたので安心していました。

でもこれが甘い見通しでした。

蓋を開けてみたら、誰も仕事の依頼などしてくれません。クライアントは自分を評価していたのではなく、大手の会社の一社員として付き合っていた、そう初めて気がつきました。今まで順調すぎるほど順調にきた人生の、初めて裏路地に繋がる分岐点でした。

仕事がなければ、お金は入ってきません。理香さんに心配をかけたくなかったので、サラリーマン時代と同じ額の生活費を渡しました。家賃と合わせても、月30万円以上が貯金から減っていきました。

理香さんに生活を切り詰めてなんて、絶対に言えませんでした。

生活以外にレンタルオフィスの家賃や経費、資本金に準備した１００万円もあっという間に消えていきました。

自分で会社をやっていますと言いながら、仕事もなく、頭の中はいつも貯金の残額を計算していました。

ようやく起業後半年ほどで、小さな仕事がぽろぽろ入ってき始めましたが、ひと月の生活費を補うにはほど遠く、消費者金融から足りない分を借りるようになりました。もう下ろす貯金も、ほとんどありません。

これが坂道を転がり落ちる二つ目の分岐点だったのでしょう。

1回だけのつもりが家賃滞納のドロ沼に……

消費者金融でお金を借りる、自分の人生で大きな一歩を踏み出したことで、タブーに対するタガが外れました。

自宅の家賃を滞納するようになったのです。支出の中でいちばん大きなウェートを占める家賃を払わなければ、金策はかなり楽になりました。その分を消費者金融の返済に回せたからです。

家賃の滞納は、消費者金融ほど督促が厳しくありません。1回だけのつもりが、翌月以降も払えませんでした。

独立してガンガン稼ぐ。そう思っていたのに、やっていることは消費者金融から借りたお金の返済に走り回るだけ。借金を仕事で返済するのではなく、借金で借金を返すというまさに自転車操業でした。

起業を反対していた理香さんには、正直に言えませんでした。

家賃を払わないことで自宅に督促状が届いた時も「行き違いかな、ちゃんと払っているから心配しなくていいよ」と言えば、理香さんは信じているようでした。

裁判所から届いた訴状は、幸運にも自宅で自分が受け取りました。送達場所を会社にしてくれるよう書面を出せば、それ以降の書類は会社に送られ、訴訟のことを妻に知られることはありません。

隠そうというより、一発大きな仕事が入れば、それですべてがクリアになる、そんな甘い思いで現実から目を背けていたのでしょう。

けれども泣き叫ぶ理香さんからの電話で、一人さんのそんな甘い夢は儚くも崩れ去ったのです。


育ちのいいこの夫婦を見て、誰が「家賃滞納」を想像されるでしょうか。

強制執行の現場で、取り乱して泣き叫んでいらっしゃった理香さん。家にお客さんが来たと勘違いして、喜びながら執行官にまとわりつく小さなお嬢さん。

この両極端な光景は、とても残酷で切ないものでした。

この後、この夫婦は離婚し、相馬さんは破産の手続きを取られました。

あのまま大手の広告代理店で勤務していたら、こんなことにはならなかったのではと思います。あるいはもっと起業に準備の時間をかけていたら。

それよりも何よりも、正直に理香さんに会社のこと、資金繰りのことを伝えられていれば……。そこには騙そうという気持ちはなく、大切な理香さんを心配させたくないという思いやりの気持ちが、結果、夫婦を離婚に導いてしまいました。

人生にはたくさんの分岐点があって、誰しもが、その時できうる最善の選択をしているはずです。しかしその選択は、予想だにしない結果をつきつける可能性を秘めているということでしょう。すべてを「たら・れば」でいくら後悔しても、残念ながら、もう後戻りはできないのです。

【事例2】

里帰りしている間に

新婚家庭の滞納でした。

入居直後から滞納が始まり、この4カ月いちども支払いがありません。家主は「新婚さんだから物入りだったのかしら」としばらく我慢したようですが、滞納額も40万円を超えてしまったので、明け渡し手続きのご依頼がありました。

入居申込書をみると、27歳と26歳のカップル。賃貸物件を決めてからの入籍なのか、申込書の段階では、妻の恵さんはまだ「婚約者」になっていました。

裁判所からの訴状を受け取ってすぐ、賃借人の寺田聡さんから連絡がありました。

「仕事を失って払えません。これからの手続きはどうなりますか？」

今にも消え入りそうな声でした。手続きの流れを伝えると、おおよそのスケジュールを聞かれたので、それも説明しました。私は新婚家庭だと思っていたので、恵さんもこのことを知っているのかなと尋ねると、「もう別れて、彼女は実家に戻りました」と言うのです。

結婚はしたけれど、何らかの事情で経済状況が悪化して、早々に離婚して実家に戻ってしまったということでしょうか。金の切れ目が縁の切れ目？　このときは聡さんに、少し同情してしまいました。

その後も手続きは順当に進み、強制執行の日、聡さんは部屋でぽつんと座っていました。

恵さんの物らしき女性の荷物もありましたが「彼女が置いていったもので、了解を得ていますから持っていってください」と言います。

聡さんはまだ20代だというのに、滞納しているとはいえ、最初からずっと覇気がありません。聡さんと滞納分の支払いをどうするか相談したかったので、少し話をすることにしました。


「彼女がいない間に態勢を整えようと……」

仕事は営業。でも俗にいうブラック企業です。数字が上がらないと怒鳴られて、それで居づらくなって退職、転職。その繰り返しでした。

彼女と同居するために部屋を借りた直後に仕事を失い、同時に妊娠が分かりました。父親になるからがんばらないと、という思いと同時に、いろんなことが重なり過ぎて逆にやる気になれなくて。ちょっと鬱っぽかったんでしょうか。

学生時代から勉強が嫌いで、高校を卒業して就職。大学に進学しなかったので、就職先はかなり限られました。時間が自由になる営業職を選びましたが、契約がとれずどんどん自信を失っていきました。もともと社交的でもないから……。

恵と出会ったのはその頃。彼女が東京に遊びに来ていたとき、居酒屋で知り合いました。彼女の明るさにふれ、こんな笑顔が見られたら、自分も元気になるなって。初めて「生きていて良かった」と心から思えたんです。

遠距離恋愛だったので、会うときは「仕事ができる自分」でいられました。でも引越しの直前のタイミングで失職。すぐに次が見つかると思って、彼女には言いませんでした。ところが、なかなか次の就職先が見つからない。焦りだした頃、彼女が妊娠したんです。

僅かな貯金も底をつきだし、家賃滞納も3カ月を超え、先が見えない日々。そんな時、彼女が体調も優れないので里帰りしたいって言ってきたんです。

正直「助かった」と思いました。一緒に生活していると、こっちは仕事が見つからず焦っているのに、彼女の笑顔がまぶし過ぎて。彼女がいない間に、態勢を整えようって思ったんです。

そうしたらまるで見ていたかのように、彼女が家を出た直後に「法的手続きに着手します」という書面を受け取りました。なんとか今日までに仕事を見つけてちゃんとしたいと思っていましたが、やっぱりダメでした。

せめてもの救いは、彼女の目の前で強制執行されなかったことかな。あの笑顔が消えてしまうのを、この目で見たくないから。

ふたりの住まいにはかなりの物が残っていましたが、聡さんは身の回りの物だけを持って部屋を出て行きました。「野宿になるので」と力なく呟く聡さんを、私は複雑な思いで見送りました。

ところが催告から3週間ほどたったある日、恵さんから私のもとに電話がかかってきたのです。

「部屋のこと、教えてください」

すべて了解済みだと思っていたら、恵さんは部屋の裁判や強制執行のことを何も知らない状況でした。

「私の荷物、取り戻せますか？」

私は聡さんと結婚するつもりで、滋賀県から上京。同居が始まって、すぐに妊娠がわかりました。まだ入籍すらしていなかったのですが、子どもが生まれる前に籍を入れればいいかって気軽に考えていました。

ところが同居当初から「この人お金、持ってないんじゃないかな」そう感じるようになって。そんなときは、いつも私が払ってきました。だからちょっと不安にもなりましたね。この人、大丈夫かしらって。

私たちは知り合ってまだ1年ほどなんです。その間だって遠距離恋愛で、たまにしか会っていません。まだまだお互いのことが分かっていないのに妊娠しちゃったし、知らない土地での生活でマタニティブルーだったのかな。初めての妊娠で体調も優れないし、7カ月のときに実家に戻りました。里帰り出産を選択したのも、家計の負担を減らしたかったからです。実家の経済を頼れば、自分の出費を抑えられるかな、そんな軽い考えからでした。

実家の両親はひとり娘の出産だし、とにかく喜んじゃって。初孫を迎える準備を嬉しそうにしてくれるんです。結局、赤ちゃんの物は、全部両親に買ってもらっちゃいました。

確かに里帰りしてから、聡さんとの連絡は頻繁ではありませんでした。仕事がとても忙しいということで、連絡しても返事に2、3日かかることもありました。それでも「生まれてくる子どものために、一生懸命にがんばってくれているんだ」と信じて疑いもしていませんでした。

予定日より少し遅れて陣痛が始まりました。

私はすぐに聡さんに「生まれそうだから来て」と連絡しましたが、ようやく聡さんから「ごめんね、仕事が忙しくて今すぐは滋賀まで行けない」って返事が来たのは、可愛い女の子が生まれてからでした。

東京からだと、滋賀県まで来るには費用も時間もかかってしまいます。私も淋しい反面、初めて出産を経験し、とにかく自分の身体を休めることと慣れない授乳や夜泣きやらで、深く考える余裕はありませんでした。それでもふたりの間に生まれてきてくれた娘のためにも、３人で仲良く生きていこうって心に誓ったんです。

１週間の入院の後、実家に赤ちゃんと戻りました。そろそろ名前を考えて出生届と自分たちの婚姻届を出さないと……。そう思った矢先、聡さんから手紙が届きました。

「家賃滞納で部屋は強制執行になった。自分は野宿で携帯もない。ごめんなさい」

判決書の原本が同封されていました。初めて見る裁判所の判決。

そこには「明け渡せ」「支払え」と書かれています。もう何度も読み返しました。資料をみると、部屋を借りてから、家賃は一度も支払われていません。

まったく知りませんでした。

聡さんに電話しても、「現在使われておりません」のコールだけ。他に連絡先も知らないし、それっきりです。

ふたりは納得して別れたと思っていたので、恵さんの話を聞いて私もびっくりでした。と同時に気になったのが、恵さんの荷物です。

「どうしても自分の荷物を取り戻したいのです」

彼女の声は悲痛な叫びになっていました。

「ずっと小さな頃からダンスをやっていて、その動画や写真がいっぱいあるんです。自分が生きてきた軌跡でもあるんです。どうしてもそれだけは失いたくなくて」

荷物は、すでに裁判所指定の倉庫の中。しかも場所は横須賀です。執行官に何とか便宜を図ってもらえるように問い合わせたところ、倉庫まで来てくれれば彼女の荷物を渡してあげてもいいとのこと。ただ保管期限はあと１週間しかありません。そこまでに来られるのかどうか……。しかも彼女は、出産直後の身体。新生児を抱えています。

それでも恵さんは、赤ちゃんを両親に託して滋賀県から横須賀まで来ました。会うと、まだあどけない少女のようです。嬉しそうにはにかみながら、恵さんそっくりの赤ちゃんの写真を見せてくれました。

あまり時間もとれない中、恵さんは黙々と倉庫の中から自分の荷物を探しました。そして配送の手配をし、丁寧にあいさつをして愛娘が待つ滋賀県へ。愚痴も言わないその健気な姿に、こちらの方が胸を押しつぶされそうな思いになりました。お金で買えない思い出。その宝物を取り戻せたとしても、恵さんの背負うものは簡単ではありません。

聡さんとは入籍前で法律的には婚姻していなかったとはいえ、彼との間に生まれた赤ちゃんを、この先、未婚の母として育てていかねばなりません。

まだ26歳。上京、同居、妊娠、出産そして相手との別離。あまりにも衝撃的な結末です。

楽しいはずだった新婚生活。新しい家族も増え、これから3人でたくさんの思い出を作っていく予定でした。今は自分を取り巻く状況の変化に、気持ちも緊張状態なのでしょう。この先、いろいろなことが見えてきたとき、いったい彼女は何を思うのでしょうか。

【事例 3】

シングルマザー　～子どもたちが助けてくれた～

「まただ……」

森山玲子さん（55歳）は、ファミレスのシフト表を見て、大きなため息をつきました。

今月のシフトを見る限り、収入は10万円にも届かないはず。このままではまた家賃が払えません。滞納額は減るどころか、増えるばかりです。もっと働かせてと店長にお願いしますが、店自体の売り上げが上がらないから仕方がないとのこと。50歳を超えると、そうそう働ける場所もなく、いつも頭の中ではお金の計算ばかりしてしまいます。

7万円の家賃を払ったり払えなかったり、もう半年以上そんな状況が続いています。滞納額は、すでに30万円。もっと安い部屋に引越ししたくても、初期費用と引越し費用が払えません。とはいえ、このままでは滞納額が毎月どんどん増える一方であることは目に見えていました。

玲子さんは、シングルマザー。3人の子どもを女手一つで育ててきました。子どもたちは皆成人し、今はそれぞれの生活を営んでいます。

いちばん上の長男は高校卒業後、就職。引越し業者で働いています。すでに結婚していて夫婦共働き。働き者の奥さんで、助かっているようです。

長女は奨学金で看護学校に進み、小さな頃から憧れていた看護師になりました。仕事上、不規則な生活を送っているようです。しばらく連絡がありませんが、きっと忙しいのでしょう。

次女も非正規雇用ながら、働いています。収入は低いみたいだけど、ひとり暮らしを彼女なりに満喫している様子です。

苦労して育てた子どもたちが道を踏み外すことなくきちんと自立し、それぞれ頑張っていることは本当に嬉しい。けれどもその分、自分自身の現状がもどかしくて、情けなくて、どうしようもなく絶望的な気分になってしまうのです。


「ずっとギリギリの生活だったんです」

一生懸命に生きてきたのに、どうしてこんなに苦しい生活ばかりを強いられるのでしょうか？　ほとんど恋愛経験もないままに結婚して、立て続けに3人のお母さんになって、子育てに追われているうちに、夫は去り、気がついたらシングルマザーになっていました。

離婚した元夫は養育費をきちんと払ってはくれず、家族4人で生きていくためにはとにかく働くしかありませんでした。もちろん母子手当は支給されましたが、昼はビルの掃除をし、夜は居酒屋で働いて得たお金を合わせても、ギリギリの生活だったんです。

でも、子どもたちは本当によく頑張ってくれましたよ。

いちばん上のお兄ちゃんは、中学に入った頃からアルバイトをして家計にお金をいれてくれました。お小遣いをせがんだことなど一度もありません。自分のアルバイトのお金ですべてをやりくりするしっかり者で、妹たちの修学旅行の費用の一部も負担してくれました。あの子には本当にいちばん苦労をかけたと思います。

長女と次女も私に迷惑をかけないように、気を遣っていたのではないでしょうか。わがままを言うことなどほとんどなく、進んで家事をやってくれました。でも、本当はもっと遊びたかったんじゃないかと思います。もちろんお兄ちゃんも。それを思うと申し訳ないですよね。

そんな子どもたちの手助けがあっても、睡眠時間を削って、鉛のように重い身体に鞭を打って働いても、家計はいつも火の車。それなのに養育費を払わない夫にはなんのペナルティもないんですよね。その夫が離婚後数年で再婚したと聞いた時には、その理不尽さに腸《はらわた》が煮え繰り返る思いでした。世の中不公平じゃないですか？

仕事から帰ると、郵便局の不在票がポストの中に入っていました。送り元は、司法書士事務所。いよいよ裁判手続きになるってことでしょうか。管理会社の人が言っていました。

書類を見ると、1週間以内に全額を支払えって書いてあります。そんなこと無理です。払えないなら賃貸借契約を解除するって、私はこの先どうなるのでしょう。

「私に死ねと言うのですか？」

「私はこれからどうなるのでしょう」

玲子さんから、電話がありました。聞こえないくらいの小さな声でした。

家賃を払うだけの収入がない。玲子さんが家賃を滞納している明らかな原因は、そこにありました。

だとすれば、収入を増やすか、家賃を減らすか、方法は二つしかありません。そのどちらかの方法を取らなければ、この先も滞納額はどんどん増えるばかりです。収入を増やすことが難しいなら、とにかく一日でも早く退去して、これ以上滞納額を増やさないようにすることが大事なのです。

玲子さんは、引越したくても転居の費用がないといいます。今にも泣き出しそうな声でした。

「お子さんに相談されたらどうですか？」

それだけはできないと言います。独立した子どもたちに、心配をかけたくないと。

母親のその気持ち、分かります。しかしこのまま手続きが進むと、近い将来に必ず「明け渡せ」の判決が出て、玲子さんが出たくなくても、無理やり部屋からは追い出されてしまいます。それをもしお子さんたちが後から知ったら、どれだけ悲しむでしょうか。

私だったら「どうしてもっと早くに相談してくれなかったの」と、頼ってもらえなかったことを残念に思うでしょう。

「私に死ねということでしょうか」

思いがけない言葉に、驚きました。けれど今の玲子さんからすると、お子さんたちに相談することは、死をも強要されるくらいのストレスなのでしょう。滞納している人は、生活が追い詰められ、目先の資金繰りで視野が狭くなっています。

玲子さんの住まいは、かつて3人の子どもたちと暮らしていた45㎡の部屋です。日々の忙しさから、子どもが独立したあともその部屋に住み続けていました。引越しを検討するような余裕すら、玲子さんにはなかったのです。

けれども、ひとりで住むのならもっと狭い部屋だっていいはずです。収入が劇的に上がるメドがつかない中で、この先もずっと生きていかねばなりません。

だとしたら、これ以上、借金（家賃滞納）を積み重ねることは絶対に避けるべきなのです。

とにかくまずは今より安い部屋を探して、退去する。そうすれば、滞納額がそこで確定しますから、その後は分割で滞納分を支払っていく。もちろん、次の部屋の家賃を支払う必要もありますから、借金が残っている間は、できるだけ安い部屋に住む覚悟が必要です。

そう説得したものの、電話の向こうで途方に暮れている玲子さんの様子は手に取るようにわかりました。

「また連絡します……」

玲子さんの声は最後まで弱々しく、この案件の解決までには長い時間がかかるのではないかと感じました。

孤独を抜けだして見えた光

それから何日経ったでしょうか。玲子さんから電話がありました。とても明るい声で、同じ人とは思えません。

「滞納額っていくらでしたっけ？　一括で支払います！　引越しもしますから、鍵の受け渡し方法を教えてください」

声は自信に満ちていました。

勇気を振り絞って子どもたちに打ち明けました。すると、心配してすぐに駆けつけてくれました。久しぶりに家族４人がアパートに揃って、家族会議です。そして、看護師をしている長女が、「私の部屋は普段寝るだけなのに結構広いから、とりあえず一緒に住もうよ」と言ってくれました。「仕事が忙しいので、お母さんが家事をしてくれるととても助かるから」って！　滞納額は、長男と長女が工面してくれるって言うんです。部屋に残っていた不要なものは、リサ

イクルの業者に渡して、少しでも家賃の足しにしようって。子どもたちのたくましさに本当に救われました。

そうやってあっという間に、問題は解決。玲子さんの声が、明るいのも頷けます。

「お母さんが一生懸命に子育てをしてこられたからですよ。今までのご褒美ですね」

人はこれほどまでに、精神面に左右されるのです。

毎日、お金のことを考えて、でも出口が見えず、どうしていいのか分からない。時には「死」すら頭をよぎります。孤独は苦しい。けれどひとりじゃないと知った時、人にはどんなことでもがんばれる力が湧いてきます。シングルマザーとして懸命に生きてきた玲子さんは、なによりのご褒美を手にしたのです。

【事例 4】
超就職氷河期世代の若者

41歳、独身男性。8万円の家賃の支払いは遅れがちになり、ここ3カ月ほどまったく支払われていません。トータルですでに24万円ほどの滞納状態でした。

滞納者の加藤巧さんと初めてコンタクトがとれたのは、内容証明郵便を送った翌日。受け取ってすぐに電話してこられたので、真面目な人なのでしょう。

「転職しようと思ったら、思いのほか、次の仕事が見つからなくて」

仕事をしていないのに、切羽詰まった感は窺えません。ただ声に元気はありません。

緊急連絡先がお母さんになっていました。実家も近くです。

「一度ご実家に戻られたらいかがでしょうか」

そう言うと、間髪を容れず「それはない！」と語気を荒らげます。

このような反応をされる方は、ほぼ間違いなく親子関係が悪い状態です。だから親を頼らない、頼れない……。

巧さんは、超就職氷河期世代。その年の求人倍率は1倍を割っていました。

ただでさえ就職が厳しい環境の中、通っていた大学の偏差値も高い方ではありません。エントリーしても、面接までもこぎつけられませんでした。

「就職が決まらなくてご近所にも恥ずかしくて。顔を上げて外を歩けない」

母親が電話で愚痴っているのを耳にしたとき、胃が下から押し上げられるような感覚に陥りました。

恥ずかしい……ふざけるな。こんな俺を産んだのは、おまえじゃないか。そう思ったとたん、一日でも早く家を出たいと思いました。

希望していた就職先はなく、ようやく見つけられたのは製造業の工員。しかも正社員ではなく、派遣社員。一流ではないものの大学の経済学部を卒業して、どうして派遣社員?と思いましたが、求人そのものがないから仕方がありません。

保証はないものの、なんとか自立していけるだけの賃金を稼ぐことができました。まずはとりあえず家を出て、それから自分の好きな仕事をみつければいい、単純にそう考えていました。当時はいつか正社員になれる、そう思っていました。

ところが現実は違いました。なんどか職場を変えましたが、就職できたのはいつも派遣。退職の理由は人間関係が嫌だったり、労働環境が悪かったり、いろいろです。面接のたびに「この歳まで一度も正社員として働いた経験がないの?」という言葉を浴びせられました。

別に好んで派遣ばかりを選んだわけじゃない。新卒時に正社員の求人がなくて、仕方がなく派遣になっただけなんですよ。面接官にはそう言いかえしてやりたかったけど、どうせ言っても分かってもらえませんからね。諦めることだけが上手になりました。

結局いつまでたっても派遣社員。月々の給与はどこでもだいたい20万円ほど。税金払って、家賃払って、生活費払えば終わりですよ。生きてはいけるけど、貯金なんて絶対にできない。いつもぎりぎりの生活です。景気は回復しているはずなのに、その実感はまったく感じられませんでした。

贅沢なんてしていません。唯一の息抜きといえば、たまに立ち飲み屋に行くくらい。彼女なんて、いるはずがないです。

「生活保護ってどうやったら受けられますか？」

今のマンションは、ちょっと収入が多かったときに引越したところ。でもそこはあまりに劣悪な職場で、病気になりそうだったから辞めました。転職したら今の収入に下がってしまった。正直、本当にカツカツの生活でした。だからもう少し手取りを増やそうと思ったんです。そうでないと安い部屋に引越しもできないから。景気も良くなってきたから、大丈夫だろうと思っていました。

でも、どこでも同じことを言われます。

「今まで一度も正社員で働いたことないの？」って。

これ、俺の責任ですか？

仕事が決まらないから、貯金もないし、家賃を払えなくなって。もう生活保護でもなんでもいいです。だってどうせ履歴書出したって、同じ結果だから。卒業以来、実家にはほとんど寄りついていないから。ずっと派遣で結婚もできず、恥ずかしいって言う親を頼りたくないです。

生活保護ってどうやったら受けられますか？

結局、巧さんはその後も家賃を滞納し続け、裁判で「明け渡せ」の判決が言い渡されました。そして強制執行の催告の後に、生活保護を申請したようですが、1カ月後に部屋から追い出される巧さんには「緊急性がある」として申請はすんなり受理。生活保護制度の中から、転居費用や部屋を借りる初期費用等も支給されました。

部屋は築古の木造アパートになりましたが、生活保護受給費で十分に生活していけます。

「今までまともに働いてないって、自分を全否定された気になって、就活しようと思うと動悸が止まらない。ちょっと鬱気味なんですかね。

自分は誰からも必要とされていない気がして、どうしてもやる気になれません。当面、このままでいいかな。

夢？　持てるわけないじゃないですか」

巧さんのパターンは少し極端な例かもしれませんが、最初の物件選びを誤って、マイナスのスパイラルに陥っていく新社会人は実は珍しくありません。

最初は生活費にどれくらいかかるか実感もない上、夢見ていたひとり暮らしとあって、ちょっと背伸びした物件を借りてしまいがちです。けれど生活費は想像以上にかかるのが常なので、家賃の負担が大きければ、ギリギリの生活を送ることになってしまいます。

あまりにギリギリの生活の場合、家賃滞納は目の前の危機です。ひとたび給与の支払いが遅れたら、病気になったら、怪我をしたら、転職がスムーズにいかなければ……そんなありふれた「もしも」の事態で、即座に生活は破綻します。

身の丈を超えた物件選びが、その後の運命を大きく左右してしまう可能性は決して小さくないのです。

【事例 5】
忽然と姿を消した賃借人

ひとり暮らしの高齢者が増えました。

親族がいないわけではないけれど、どんどん関係が疎遠になっているのが今の日本社会です。

特に経済的に自立して生きていると、人を頼らずにきた分、ますます疎遠になりやすくなります。ましてお子さんがいないとなると、ご本人も「家族を頼る」という意識が持てないのかもしれません。

本田美子さんは、83歳。大手メガバンクを定年まで勤め上げ、年に何回か海外旅行をするくらい、人生を謳歌されていました。

自身は公営住宅に住み、少し離れたところにワンルームも借りていました。このワンルーム、何のためかというと、荷物を置くためです。

もともとこのワンルームに住み、公営住宅に引越すときに解約せず、どうやら相続で受けた物とかをそのまま置いていたようです。

年を重ねると元気であっても、根気のいる作業は後回しになります。特に物を大切にする世代は、なかなか断捨離ができず、気がついたときには物で溢れてしまうということになりかねません。美子さんもこのタイプだったのでしょう。

毎月のワンルームの家賃は、美子さんが不動産会社に持参されていました。住んでいる町から電車に乗って3駅。振込みをお願いしても、わざわざ毎月来られます。不動産会社の方も、美子さんの様子を確認できるので、安心していました。

必ず月末には持ってこられる家賃。ところがこの1年ほど遅れたり、2カ月分まとめて払ったり、様子が変わってきました。会うたびに「年をとられたな」そう感じるほど、老いてこられた様子が窺えました。帰られる後ろ姿が、以前とはずいぶん違います。歩くペースが遅かったり、ふらふらしていたり。

そうして美子さんは、姿を見せなくなりました。

本人欠席のまま明け渡しの判決が

住んでいる公営住宅に行くと、集合ポストには郵便物が溜まっているものの、住んでいるのかそうでないかは分かりません。管理人さんに確認すると、ここしばらく顔を見ていないが、今までも旅行等で月単位で留守にされることがあるので、心配はしていないとのこと。室内に立ち入ることも、事件性（悪臭がする等）がない限りできないとのことでした。

仕方なく美子さんに対して、家賃滞納の明け渡しの訴訟を提起しました。

その後も気になって何度も公営住宅の方に行ってみても、美子さんには会えません。そして回を重ねるごとに、美子さんはこの部屋に帰っていない、と確信してきました。

部屋のドアノブには埃が溜まり、郵便物は取り除かれておらず、そして何より、ドアにつけた目張りが外れていないのです。

結局、訴訟の日まで美子さんとは会えませんでした。訴状も受け取られることはなく、裁判の日も美子さんは欠席。明け渡しの判決が言い渡され、荷物置き場だった部屋は強制執行となりました。

部屋の中には、小さな頃のアルバムや、古い着なくなった洋服、使わない食器や家電が所せましと乱雑に置かれていました。アルバムはいざ知らず、他の物は大事にとっておかなくてもよさそうなものです。高齢になって、自分で片づけるだけの気力や体力がなくなり、家賃を払ってでも放置しておきたかったのでしょう。

この後、住んでいた公営住宅にも、美子さんはずっと戻っていません。こちらの方も家賃を滞納している状態とのことでした。

美子さんはいったいどこに行ってしまったのでしょう。

考えられるのは、何らかの事故に遭ったけれど身元の分かるものを携帯していなかったのか、認知症等で徘徊して保護されているのか。どちらにしても美子さんは、ある日忽然と姿を消しました。

実は全国の高齢者の施設では、認知症になった方がたくさん保護されていま す。名前や連絡先等も分からないため、対応のしようもなく、大きな社会問題となっています。

個人情報保護法が施行され、個人の情報が得にくくなっていることも、この問題に拍車をかけています。個人情報の保護にはもちろん利点もありますが、こと高齢者のサポートには逆効果になっている側面もあります。兄弟姉妹の数も減り、親族関係が希薄になっている現代は、手のうちようがない案件が爆発的に増えています。

近い将来に超高齢化社会に突入する日本。家族や親族が高齢者の世話をしたり、看取ったりする時代ではなくなりました。国や行政がある一定の権限をもって介入・サポートするようにならなければ、このような問題は激増していくばかりだと思います。

家族がいてもいなくても、人は誰にも迷惑をかけずに万全の状態で亡くなることは難しいのが現実です。だからこそ地域が、社会が関わらなければならない問題なのです。

【事例 6】
淋しさに付け込まれた高齢者

高齢者が家賃を滞納することは、珍しくありません。特に夫婦で住んでいる中、ご主人がお亡くなりになった場合。残された奥さんの手元に入る年金が減るので、今まで通りの生活ができなくなるケースが多発しています。貯金があればいいのですが、ぎりぎりの生活をされていると状況は厳しくなります。かと言って、早い段階でもっと安い部屋に引越しできればいいのでしょうが、高齢者に部屋を貸してくれる家主が少ないことと、高齢になると引越しする気力や体力がなくなってしまうため、そのままズルズルと住んでしまって滞納するというのが一つのパターンです。

山田よね子さんは82歳。滞納が始まりました。ご主人がお亡くなりになって1年ほどです。これ以上滞納額を増やしたくないと、家主から明け渡し手続きのご依頼を受けました。

明け渡しの判決が言い渡されても高齢者の場合は、強制執行ができないこともあります。生活能力が低くなった高齢者を、執行官も部屋から追い出すことに躊躇するからです。本来であればご自身で安い部屋を探してもらわねばならないのですが、高齢の場合ご自身での部屋探しもままなりません。そのため賃借人が高齢者の場合、私は可能な限り次の転居先を探してあげて、そちらに移ってもらうようにしています。よね子さんにその必要があるかどうか知りたかったので、訴訟を提起した後、会いに行ってみました。

「家賃は、あの人がちゃんと払っていると思います」

あの人というのは、同居人の山下明さん（60歳）のことです。

ひとり暮らしだと思っていたら、この半年ちょっと一緒に住んでいるということでした。

「お金のことは全部任せているから」

聞くとカードやらなにやら、全部渡していると言うのです。

これはしっかりよね子さんのお話を聞いてあげなきゃと思いました。


旦那さんが亡くなって、淋しかったの。娘もそう遠くないところに住んでいるけど、今は孫の受験やなにかで忙しいみたいで。孫も小さな頃は遊びにきてくれたけど、今は勉強が大変らしくてね。

何もすることがないから、公園にいたら、明さんと知り合ったの。明さん、人の連帯保証人になって家も財産も何もかも取られたって言ってね。無一文に

なったって笑っていたわ。住むところもなくて、困ってたのよ。何だかかわいそうになってね。「家に来たら」って私から誘ったんです。

いい人よ。家事から何から全部してくれるの。旦那さんは家のこと、何もしない人だったからね。殿方が家事をするだなんて、びっくりしましたよ。それに家の中に、誰かいるっていうのは良いもんね。ひとりだとテレビの音しかしないしね。寒々しいの。一日誰ともしゃべらないってこともあるわけよ。でも明さんが住んでくれるようになって、本当に毎日が楽しくなったわ。

お小遣いとかも必要かなと思って、ちょっと渡したりもしたの。でもそのうち面倒になってね。年をとると、お金の管理もめんどくさいの。だから明さんに全部やってもらうことにしたのよ。もう楽になったわ。

滞納が始まったのはこの半年。よね子さんが明さんと同居を始めた時期と、ピタリと一致しています。もしかしたら、督促状も明さんが握りつぶしていたのかもしれません。どう考えても疑わしいのですが、よね子さんにまったく疑う様子はありません。

「本当に淋しかったから」

明さんに会いたいと、よね子さんにお願いしました。するとご兄弟が入院したとかで、見舞いに行ったとのこと。この2日ほど家には戻ってきていないということでした。

明け渡しの訴訟手続きに入ったことを知って、どこかに逃げたのかもしれません。これは一刻を争います。よね子さんのお嬢さんに連絡すると、すぐに駆けつけてくれました。

「お母さん、何やってるのよ」

よね子さんは、黙って下を向いています。娘は母親に厳しいものです。よね子さんが、赤の他人の明さんを頼ってしまったのも、ちょっと分かる気がしました。とはいえ、もしかしたらお金を持って行かれたかもしれないのです。まずは現状を把握することが必要でした。

よね子さんの預金は、一つの銀行に集約されていました。年金が入る口座で、すべて管理されています。カードを渡してしまっていたので、通帳と銀行印を持って3人で行ってみました。

残念なことに予感的中。

口座から少しずつお金は引き出され、残高は僅かになっていました。数百万円が消えていました。明さんの携帯に連絡してみましたが、「現在使われておりません」のアナウンスが流れるだけです。

怒り心頭に発したお嬢さんは、すぐに警察に！と躍起になっていたのですが、この明という男性、身元がわかる物が何もありません。当然、偽名でしょう。こうなればよね子さんの証言だけが頼りです。しかし当の本人のよね子さんは、必死に抵抗します。

「この歳になって、20歳以上も年下の男に騙されたなんて人に知られたくない」

淋しかったから……よね子さんが呟いた言葉は、胸に刺さりました。

子どもはいる。だけど頻繁に会うわけではない。そうなると高齢者は自分ひとりで、毎日の生活を楽しむしかありません。行動的な人であれば、80代でも趣味やらお友達やらと、毎日出歩くこともできるでしょう。しかし一方で内向的な人だと、配偶者を亡くしてしまったとたん、家に籠りがちになってしまうことも少なくありません。よね子さんも、そのひとりだったのでしょう。

もうひとり暮らしは厳しいということで、よね子さんはお嬢さんの家のすぐ近くに引越しして行かれました。数百万円は無くなってしまいましたが、そのお金と引き換えに、数カ月、淋しさと向き合わずに済んだよね子さん。

これからの高齢化社会で、決して特別な話ではないはずです。

第2章

そこにあるのは「甘え」なのか

【事例 7】
真夜中のクレーマー

毎晩夜中に酔っぱらった滞納者からクレームの電話を受け、困った家主からわたしのもとにSOSがありました。

電話の主は杉田一郎さん（71歳）。実は半年以上も家賃を滞納している人物です。その額はすでに50万円を超えていました。

クレームの内容は、共用部分の掃除が行き届いていないとか、廊下の電気が消えそうだとか、緊急を要する内容ではありません。滞納しているのですから、おとなしくしていればいいものの、お酒に酔って毎晩のように電話してくるのです。

契約書上、38歳の息子とふたり暮らしとなっていました。

一郎さんは、28歳のときに1歳年下の幸子さんと結婚。31歳で長男を、33歳で次男を授かりました。仕事はタクシー運転手。年収は400万円弱、生活は決して豊かではありませんでしたが、なんとか家族4人が生活できていました。

ところが65歳を超えたとき、一郎さんは体調を崩します。お酒の飲み過ぎなのか、肝臓を悪くしてしまいました。体調にあわせて仕事をセーブするので、収入は半減します。年金をきちんとかけていなかったために、収入が半減すると、生活は一転しました。

長男は結婚してすでに独立。次男の浩司さんも会社員となり、家計を助けてくれています。おかげで生活に支障はありませんが、収入減が理由で幸子さんとは喧嘩が絶えません。幸子さんはパートに出るようになり、夫婦の仲はどんどん冷えきっていきました。

結局40年の結婚生活に終止符をうち、幸子さんはパート先で知り合った人と再婚するために家を出て行きました。

残された一郎さんと浩司さん。４人家族で住んでいた家は広すぎるので、ふたりで部屋を借りることになりました。浩司さんからすればひとりで生活できるところ、一郎さんだけでは収入的にも厳しいということで、浩司さんが一郎さんを引き取るかたちでの引越しでした。

家賃８万円、２ＤＫのアパートで始まった男ふたりの新しい生活。それは決して順風満帆ではありませんでした。長年連れ添った幸子さんに裏切られたと、一郎さんはますますお酒に溺れていったからです。そうなると仕事に行く日は少なくなり、家計のほとんどを浩司さんが背負うことになりました。せめてその分、一郎さんが家事をすればよかったのでしょうが、なにせ今まで妻に一切を任せていた昭和の男。身体の不調を言い訳にして、重い腰を上げようとはしませんでした。

一方の浩司さんは40歳を目前にした管理職。まさに働き盛りです。しかしこの状況では結婚だって躊躇せざるを得ず、家計も背負い、家事もふたり分となれば、逃げだしたくなるのも当然でした。

結局、ふたりの生活は半年も続かず、浩司さんは家を出て行ってしまいました。

「そんなに昼間から飲むんだったら、好きにしろよ。俺、父さんの犠牲にはならないよ。この金で安い部屋に引越しして、生活保護受給したら生きていけるから」

机の上には50万円が置かれていました。

俺だって好きで身体を壊したわけじゃないぞ。国民年金をかけてなかったのも、もっと働けると思っていたからじゃないか。今まで酒は飲んできたけど、博打をするわけでもなく、真面目に家族のために働いてきたんだ。

それなのに幸子は、男つくって出て行きやがった。こんなことってあるか？

ちょっと昼間から酒飲んだからって、浩司もぐじぐじ言いやがって。男が洗濯物を干す？　飯作る？　あり得ねえだろう。いったい誰のおかげでここまで大きくなったと思っているんだ。俺のおかげだろ？

親に向かって、文句言うなんて100年早いってんだ。

浩司さんが出て行ってからというもの、一郎さんのお酒の量は、ますます増えていきました。引越しや生活保護の申請など、生きていくための手段を講じることもなく、その月から家賃は滞納。50万円は、全てお酒に消えていきました。同時に一郎さんの心は、少しずつ蝕まれていったのでしょう。先の見えない苛立ちからか、その矛先が家主の方に向きました。誰かに文句を言うことで、バランスをとっていたのかもしれません。

孤独感を一層募らせる静まりかえった夜中、誰かと繋がりたくて、誰かにこの苛立ちをぶつけたくて、毎晩のように家主に電話してしまいました。

「廊下が汚ねえんだよぉ」

「お国の世話にはなりたくない」

裁判官が、しきりに一郎さんを説得します。生活保護を受給するか、あるいは身内の援助を得るか、そのどちらかでない限り、仕事をしていない一郎さんの生活は成り立ちません。裁判所で会う一郎さんは、もはやとても仕事ができるような健康状態ではありませんでした。それでも一郎さんは、お国の世話にはなりたくないし、子どもにも頼れないと頑なに拒みます。

こうなると裁判所としても、明け渡しの判決を言い渡さざるを得ません。そして強制執行の日が来ました。

夏の暑い日でした。荷物を運びだす準備を整え、執行官がドアの外で声をかけますが、返事はありません。インターホンを鳴らしても無反応です。仕方なく開錠して中に立ち入ると、一郎さんは服を何も身に着けず、酔っぱらって寝ていました。机の上には酒の空き瓶が並び、すぐ横には電話の子機が転がっています。昨夜もどこかに電話をかけてしまったのかもしれません。

執行官に服を着るよう促され、ヨレヨレの服を着た一郎さんは部屋の外に出されました。

「生活保護の申請をしましょう。一緒について行きますから」

その言葉を振り切り、一郎さんはたったひとりで歩いていきます。けれどもその先にはなんのあてもないはずです。

若いころ、生活が苦しいから年金をかけられない、でもその分、年をとっても働けばいい……。そう思っていたのかもしれません。でも人生は残酷です。

ほんの僅かなズレから生じた歪みは、微妙なバランスで成り立っていた家族の関係を崩してしまいました。そして傷ついた、固くなってしまった心は、社会から用意されたセーフティネットまで拒絶してしまったのです。

【事例 8】

犯罪者の親が抱えるもの・犯罪者が抱えるもの

7カ月の家賃に当たる40万円超を滞納した田中雄一さん（44歳）の明け渡しの訴訟手続きに入りました。ところがその直後に、雄一さんが薬物の所持で逮捕されたと、国選弁護士から連絡があったのです。雄一さんは初犯でないため、このまま刑務所に入るだろうとのことでした。

裁判の相手方が捕まってしまった場合、相手方が今どこにいるのか分かる場合には、○○警察署や○○刑務所等宛に訴状を送って手続きします。

しかしながら事件の内容によっては、所在を明らかにしてくれない場合もあります。こうなると捕まったことは知っているけど、今どこに留置されているか分からないという状態になります。その場合には、訴状をどこに送達していいのか分からないので、公示送達という「相手がどこにいるのか分からない」という手続きで、進めることになります。

一方、代理人である弁護士を通じて、解決できる場合もあります。本来、刑事事件の代理人なので、家賃滞納の明け渡し訴訟とは関係ないのですが、間を取り持ってくれることがあります。その場合には、代理人経由で、賃貸借契約の解約の書面や残置物の放棄書を相手方に渡してサインをもらいます。サインしてくれれば、本人が荷物の所有権を放棄してくれたということで、家主は裁判手続きではなく任意に荷物等を処分できることになります。

今回はどうしても書類にサインしてもらえなかったので、弁護士が雄一さんのお父さんに荷物を撤去してもらったらどうか、と連絡先を教えてくれました。

「世間の目からひたすら逃げる毎日でした」

雄一さんの父、田中郁夫さん（72歳）は中学校の先生でした。

教育者という立場でありながら、雄一さんにはずっと悩まされてきたと言います。

雄一さんは、小学生の頃からお店で万引きを繰り返していました。警察から呼び出されたことは数えきれません。中学に入ってからは、地元では有名な悪いグループとの付き合いがはじまり、物を壊す、暴れる、盗む、襲う、無免許でバイクに乗る。補導の種類も回数も、どんどんエスカレートしていきました。その度に郁夫さんは「教育者なのに、自分の子どももコントロールできない」と責められるのです。

「正直、早く家から独立して欲しいと思っていました」

郁夫さんから、雄一さんに対する不満は、次から次へと湧き出して止まりません。雄一さんのことがなければ、校長にだってなれたのに。その悔しさが、言葉の端々ににじみます。

郁夫さんご夫婦は、この20年ちょっとで、15回近く引越しと転職を繰り返してきました。その理由が雄一さんだと言います。

犯罪を繰り返して刑務所に入った雄一さんが、出所すると行く場所がないので郁夫さんのところに戻ってきます。戻ってきてもおとなしくしておらず、家で郁夫さんたちに不満をぶつけて派手に暴れるので、ご近所に雄一さんの素行が知られてしまうのです。そうなると郁夫さんたちは、いたたまれません。犯罪者の家族として、常に近所の目を意識して逃げ回ってきました。雄一さんが刑務所に入っている間だけが、唯一、郁夫さん夫妻の心休まる期間なのでしょう。

郁夫さんの口からは、苦労をかけられっぱなしの雄一さんに対する不満が次から次へと湧き出します。もちろん大変な思いをされてきたことは十分に理解できるのですが、ただ私にはとても引っかかることがありました。

郁夫さんが話すのは、雄一さんの素行によって、自分たちが世間からいかに冷たい評価を受けてきたか、どれだけ辛い思いをしてきたか、という話ばかり。息子である雄一さんに、その目が向いているようにはどうしても思えなかったのです。もしかすると、そこに雄一さんが小さい頃から問題を起こし続けている理由が隠されているのかもしれない。そんなふうに思わずにはいられませんでした。

思いがけず届いた手紙に書かれていたのは……

これほどまでの不満がある中で、郁夫さんに「親」の立場で雄一さんの部屋の明け渡しの協力をお願いすることはできません。仕方なく、明け渡しは粛々と手続きで進めることになりました。

ちょうど裁判が結審した頃、収容先の雄一さんから事務所にお手紙が届きました。

前略　このたびはお世話になります。ご迷惑をおかけし、申し訳ございません。太田垣さんに、一つお願いがあります。同居している沙織の転居先を探すためにご協力いただけませんか？　沙織はこんな自分を、唯一受け入れてくれた女です。自分は、本来なら見捨てられてもいいような男ですが、沙織は出所するまで、待っていると言ってくれています。ありがたい話です。

ただ沙織ひとりでは部屋を見つけることができないと思いますので、なんとか力を貸してやってください。
ご迷惑をおかけしている上に、このようなことまでお頼みして申し訳ございません。

あまりにも意外な文面に驚きました。郁夫さんから聞いている粗暴な印象はなく、実は細やかな心遣いもできる人なのではないか、という気がしてきました。

沙織さんというのは、雄一さんと同居している女性です。雄一さんは、彼女のことをしきりに心配していました。そして手紙の中には、年老いた両親を思う気持ちも綴られていました。優しい人なのだ……悪さばっかりして親を長年困らせてきた、ただそれだけの男性ではなかったようです。

「本当は親からの愛を求めていたのかも……」

雄一さんの手紙を手に、沙織さん（40歳）に会いに行ってみました。

沙織さんは物腰の柔らかいおとなしそうな女性でしたが、雄一さんが気にするほどひとりでは何もできないということではなさそうです。

「私だけで大丈夫なのに。雄一さんは、心配性ね」

沙織さんは、雄一さんからの手紙を見て恐縮しながらはにかみました。

高校を卒業してからずっと同じ会社で事務の仕事をしているので安定した収入もあり、部屋を借りるのに問題はなさそうでした。


雄一さんとの付き合いは、もう3年になるかな。居酒屋のカウンターで、たまたま隣に座ったのがきっかけでした。その時雄一さんは、前科者であることを自分から口にしたんですよ。びっくりしちゃったけど、でも同時に「正直な人だな」って思いました。だって、なにも初対面の相手に、わざわざそんなこと言う必要ないじゃないですか（笑）。しかも優しそうな目が、とても印象的だったんです。だからきっと悪い人じゃないんだろうなと思えたし、前科があるからって構えることもなかったかな。

雄一さんは、小さな頃から悪さをして親にすごく迷惑をかけたと、いつも後悔していました。でも迷惑をかけるって、愛を求めていることの裏返しなんじゃないかって私は思うんですよね。雄一さんはいつまでも、親からの愛を求めていたんじゃないかしら。いつも苦しそうだったわ。

それでも気持ちを入れ替えて、真面目に生きていきたいって頑張っていたのよ。でも、やっぱり犯罪者に対する世間の目は冷たくて、その度に後悔しては過去の自分を責めていました。根はとても真面目なのね。彼の落ち込んでいる姿は見ていて辛かったけど、私には何もできなくて。もちろん、だからといって薬に手を出していいわけではないわね。でも、犯罪者が敗者復活できる道って、この日本じゃ少なすぎますよね。

そこから2週間ほどして明け渡しの判決が言い渡された頃、沙織さんは勤め先の社長が連帯保証人になってくれた部屋に引越しをしていきました。

国選弁護士も、立ち会ってくれました。でもそこに郁夫さんの姿はありませんでした。

自分の感情を上手にコントロールできない子どもの頃に道を踏み外してしまったことで、なかなか本来の道に戻れぬまま大人になってしまった雄一さん。本人はがんばろうとしても、世間からも、そしていちばん大切な家族からもどこか冷めた目で見られてしまうことのやるせなさが、雄一さんを薬物に走らせてしまったのかもしれません。唯一、心を許した沙織さんの優しさをもってしても、親に愛されたかったという心の溝は埋められなかったのでしょうか。

今度こそ、沙織さんとふたりで、心穏やかに暮らしていって欲しい、心からそう思いました。

【事例 9】

大手企業勤務の一級建築士に何が？

入居申込書には、大手建設会社の名前が書かれていました。

伊藤和夫さん（33歳）は、一級建築士です。10年以上借りているこの部屋で、7カ月間家賃の支払いがありません。滞納額もすでに60万円を超えていました。

大手企業に勤めている方が家賃を滞納するのは、かなり珍しいケースです。

家主からの依頼を受けた私は、とにかく本人に連絡をとろうと部屋を訪ねました。インターホンを鳴らしましたが、応答はありません。ただ、エアコンの室外機は動いているので室内にいることは間違いなさそうです。

滞納者の多くは、居留守を使います。自分が滞納していることはわかっているので、やはりバツが悪いのでしょう。ドア越しにテレビの音が聞こえていたり、エアコンの室外機ががんがん回っていても、チャイムを鳴らしたとたん、音が消える、エアコンが止まる、そんなことは珍しくないのです。

和夫さんも同じ状況だと思われましたが、平日の昼間に部屋にいるとなれば、仕事も休んでいるのでしょうか。滞納という事実から考えると、仕事を辞めてしまった可能性のほうが高いかもしれません。私はそんなことを考えながら、部屋を後にしました。

和夫さんの連帯保証人である実の姉の玲子さんにも、家主から督促状は繰り返し送られていましたが、反応はありませんでした。家賃滞納の明け渡しの訴訟になれば、連帯保証人の玲子さんも被告ということになります。

玲子さんの住民票を取得してみると、契約時から5年ほどして結婚されていました。今は小さなお子さんのママでもあります。

堅実に家庭を築いている中で、いきなり裁判所から訴状が届いてしまうと、ご主人の手前立場もありません。まして実の弟が原因ともなれば、戸惑いやショックも大きいはずです。まずは手紙を送ってみました。それでも反応がありません。家主が家賃督促もしていたので、滞納の事実もご存じなのでしょう。連絡が取れないとなれば、このまま手続きを進めるしか方法はありませんでした。

「もう、追い出してください！」

訴状が玲子さんの手元に届いた頃、玲子さんのご主人である宏さんから電話がありました。

「もう追い出してください。本人とは連絡もつかないし、私たちだってどうしようもないんだ」

宏さんは、とても攻撃的な物言いでした。家主がこれほどまでに滞納を放置しているから悪い、もっと早くに手続きしていれば連帯保証人の負担も軽くなるのに、と怒ってばかりです。おまけに義理の弟である和夫さんのことも、かなり厳しく批判し始めました。

和夫は、仕事で何か失敗したみたいです。急に「会社辞めるから金よこせ」って、義母のところに連絡してきて。30歳過ぎているのですよ。働いてきたのだからそれなりに貯金もあるだろうに、母親に金を出せってひどいでしょう？　だから僕が会いに行きました。まぁ、義理の関係ですけど、実の姉と話すよりは冷静に話し合えるかなと思ってね。でもまったくダメでしたよ。

とにかく自分が仕事を失ったのも、親が悪いなんて言いだしてね。この歳になって、自分の仕事の失敗と親は関係ないじゃないですか。

だから僕も呆れてしまって、ちょっと怒鳴っちゃったんですよね、甘えるなって。

それがいけなかったのでしょうね。もう部屋の中で、暴れ出しちゃって。手がつけられませんでしたよ。自分の思い通りにならないと、駄々をこねる小さな子みたいな、そんな感じですね。

義母も男の子だったから、玲子より甘やかしすぎたのかな。それにしても、もういい歳ですからね。親とか関係ないですよ。甘えているとしか思えませんね。

仕事辞めたのだって、自分の責任ですよ。こっちに言ってきても、それは違うでしょう？

だからもう、手続きで追い出しちゃってください、平気ですよ。ただ玲子の方は、このまま被告というのも困るんですよね。

宏さんの言葉の端々には、法律の専門用語がでてきました。手続きの流れも驚くほど把握されています。もしかして司法関係者かも……。

ピンときた私は、電話しながら検索してみると、同姓同名の弁護士が存在しました。

「じゃあ、先生は、どうお考えですか」

思い切ってカマをかけて聞いてみると、「訴外で和解をお願いしたい」と専門用語での返答がありました。やはり電話で話している相手は、先ほどパソコンで検索した弁護士その人なのでしょう。

電話をかけてきたときの攻撃的な喋り方は消え、落ち着きを取り戻したようでした。

滞納分と強制執行にかかる費用は負担する、それを担保するために、書面を交わす、その代わり玲子さんを被告から外す。宏さんの要望はそういった内容でした。

連帯保証人としての責任を果たしていただけるのであれば、特に異論はありませんから、こちらがそれを了承すると、宏さんの態度は急に柔らかくなりました。

「これ以上関わるつもりはありません」

身内の話でお恥ずかしい限りですが、和夫が道を踏み外した原因は酒だと思います。自分で制御できないくらいに、飲んでしまうようなんです。会社でも同僚たちと飲みに行っては、つぶれるほど飲んでしまう。だからそのうち同期の中でも、浮いた存在になったようです。

大手企業に勤めているわけですから、それなりの収入はあったはずなんですが、それも全部酒に使っていたようです。それで足りないお金をねだられると、義母はなんども送っていたそうなんですよ。実は今回のことがあるまで、僕たち夫婦も、そんなことはまったく知らなかったので、聞いてびっくりしましたよ。

それで、もうお金は送らないようにって、玲子も僕も強く義母に言ったんです。キリがないし、余計に甘えるからって。

でも、義母がもうお金は出せないという話をすると、怒った和夫は「金よこせ」って言い放ったそうなんです。お金を無心することはあっても、それまではそんな言い方をしたことはなかったと義母は嘆いていましたよ。それでさすがに義母も気持ちに踏ん切りがついたようですが、そうすると、毎晩のように義母に電話してくるようになったんです。それで、僕が会いに行ったというわけなんです。

もう家族で「本人が改心するまでは、手を出さない」って決めたんです。だから、今回の連帯保証人としての責任はきちんと負いますが、それ以降は関わるつもりはありません。

和夫さんは裁判の期日にも姿を見せませんでした。その後、役所から連絡があり、強制執行の手続きで退去させられる直前に、和夫さんは生活保護の費用で転居されたことを知りました。結局、私も最後まで和夫さんに会うことはできなかったのです。

誰もが羨むような大手建設会社に勤務。なぜ和夫さんは、お酒に溺れることになったのでしょう。お酒の力を借りて、何かから逃げるためだったのでしょうか。

もし母親が金銭的援助を一度もしなかったら、和夫さんはどこかで踏みとどまったのでしょうか。

一級建築士という立派な国家資格を持っている人を「家賃滞納」にまで追い詰めてしまう。やはり、飲み方次第で「お酒」は魔物になってしまうということなのでしょうか。

【事例 10】

愛情があってもすれ違う父娘の心

最近、若年層の家賃滞納が非常に増えています。その原因の多くは、経済的基盤がなくても、部屋が簡単に借りられてしまうことではないでしょうか。

年金代わりにと不動産投資をしたり、相続税対策でアパート経営に乗り出したりする家主が増えたことで、物件数は飛躍的に伸びています。そうして借り手市場となった不動産業界において、家賃保証会社の台頭により、連帯保証人なくして部屋を借りられるようになったことは、「部屋を借りる」ことのハードルを下げたのでしょう。

山本加奈さん（21歳）は、すでに4カ月も家賃を滞納していました。しかも、滞納は部屋を借りた直後から始まり、その額は30万円を超えています。

このようなケースは、そもそも収入がないのが原因であることが大半です。おそらく加奈さんの場合も、年齢から察するに安定した収入源がないのだろうと予想されました。このままだと将来のある若者が、滞納という借金をどんどん積み重ねてしまうことになりますから、早急に手を打たねばなりません。可能であれば訴訟手続きで追い出すということはなんとか避けたいと考え、家主から相談を受けたあと、すぐに部屋を訪ねてみました。

前述のように大概の滞納者は居留守を使うので、現地に赴いても本人に会えることはほとんどありません。けれども、加奈さんはすぐにドアを開けてくれました。

入居申込書の職業欄にはキャバクラ勤務と書かれていましたが、どちらかというと地味な印象の加奈さんは、昼間で化粧をしていないせいか、実年齢よりもだいぶ幼く見えました。

そしてやはり、滞納の原因は収入の不足でした。思ったほど売り上げが上がっていないようです。この先、収入が増える保証もなさそうですし、これ以上、滞納という借金を積み重ねないためにもとりあえずここは退去して、一度実家に戻ってみてはどうかと促したのですが、それは嫌だと突っぱねるのです。

これは家出かな……。

直感的にそう感じましたが、ここで問い詰めても仕方がないので、このまま滞納が続けば、この先どのように手続きが進んでいくかを説明し、この日は部屋を後にしました。

加奈さんは家賃保証会社を利用しているため、連帯保証人がついていません。緊急連絡先に、お父さんの名前が書いてありました。緊急連絡先なので滞納額の請求等はできませんが、親御さんのお考えを聞いてみようと、気になったので電話してみました。

山本俊夫さん、46歳。電話をかけると、加奈さんのことがとても心配だったのでしょう。その時の様子を、一生懸命に聞いてこられました。

「親として、どうしたらいいのか分からないのです」

お恥ずかしいことですが、加奈は今までも何度か家出を繰り返しています。そのたびに連れ戻すのですが、家の柱にくくりつけておくわけにもいかず、またスマホ片手に出て行ってしまう。親として、どうしたらいいのか分からない。どこから対応を間違ってしまったのか、何が正解なのか分からないのです。他の親御さんたちには、こんな悩みはないのでしょうか。

俊夫さんの苦悩が伝わってきます。

昔は電話がかかってくれば、親が電話を取り次ぎ、子どもはリビングで話しました。だから当たり前のように、子どもの考えていることも交友関係も把握することができました。でも個々の通信機器で連絡をとるようになれば、親は子どもの口からしか情報を得ることはできません。思春期の難しい年齢になると、ますます溝は深まります。

加奈の姉は、どちらかというと優等生。だから私たちも、子育てをこんなもんだと思ってしまったのかもしれません。だから姉とは違う加奈には戸惑ってしまって、どうしていいのか分からないのです。姉は自分のやりたいことを自分から言ってきて、それに向かって黙って努力する。ところが、加奈は何も言ってこない。高校を卒業して、進学するでもなく、ちゃんと働くでもない。それでちょっと叱ったら、家を出てしまう。

今回の家出はいつもより長くて、連絡しても反応がないから困っていたんです。もう経済力がないこんな子に、部屋を貸さないで欲しい。あ、でもそうなると、風俗とかに行かれても困ってしまうか。居場所が分かって、とにかくホッとしました。

どうやら俊夫さんも、加奈さんとの間にある深い溝に苦しんでいました。もう成人しているんだから好きにしろと、突き放す様子はありません。怒りの矛先は、我が子との意思疎通ができない自分自身に向けられているように感じました。なんとかして子どもの気持ちを理解してやりたい。電話の向こうの俊夫さんのそんな思いは痛いほど伝わってきました。

今回の滞納を機に、親子の関係を改善することはできないだろうか。そう考えた私は、もう一度話をするために加奈さんを訪ねてみました。

「私は親に嫌われていると思う」

明るい時間に訪ねると、加奈さんはまた部屋にいました。普段もお店に出る以外は、ほとんど出かけないそうです。派手な生活をしている様子もなく、キャバクラでの仕事を楽しんでいるようにはとても思えません。

「お父さんのこと、嫌いなの？」

思い切って聞いてみました。加奈さんは黙って答えません。でも、首を縦に振ることはしませんでした。お父さんのことは嫌いではないのに、どうすればいいのか分からない、そんな印象を受けました。

「加奈さんの好きなことってなに?」
その問いかけをきっかけに、加奈さんは、一気に自分の思いを語りはじめました。

加奈は動物が大好き。猫も好きだし、犬も大好き。動物を触っていると、とても気持ちが穏やかになる。加奈は、お酒の場も好きじゃないし、人と会話して盛り上げたり、笑ったりすることも上手じゃない。だからキャバクラの仕事も好きじゃない。でも、働くところがほかにないから。

本当は動物に関わる仕事したい。トリマー(犬や猫の美容師さん)とかになれたら、いいだろうな。専門学校に行ってみたい気もするけれど、お金がかかるから。加奈はお姉ちゃんみたいに頭良くないし。親はお姉ちゃんみたいにちゃんと大学に行って欲しかったみたいだし。専門学校に行きたいだなんて、言えなかった。そしたら、フラフラしてるみたいに言われちゃって。加奈は勉強もできないし、親に迷惑かけてばかりだから、きっと嫌われてると思う。

俊夫さんが加奈さんのことをとても心配していると伝えると、意外そうな表情をしつつもどこか嬉しそうでした。

「加奈ちゃんがやりたいこと、ちゃんと言ってみればいいのに」

そう言うと、加奈さんは黙ってしまいます。きっと自分であれこれ考えて、思いを伝えることが上手くできなかったのでしょう。

加奈さんは親に遠慮して本当の気持ちを言い出せず、親は親で子どもの思いが分からなくて苛立って、そこに何度かの家出が重なって溝ができてしまったのだと思いました。もっと本音を伝え合い、ちゃんと喧嘩すれば、今からだって、いい関係が築けるかもしれない、なんとかこの親子の橋渡しをしてあげなければ……。私の胸はそんな思いでいっぱいでした。

加奈さんの思いを俊夫さんに伝えると、何か思い出すことがあるようでした。大学に進学しなかったことを、一度だけ責めたことがあるそうです。もしかすると、たった一度のその言葉が、加奈さんの心を傷つけてしまったのかもしれません。

　加奈さんの夢を伝えると、俊夫さんはとても嬉しそうでした。

「迎えに行ってきます。親子関係を修復できる最後のチャンスと思って、家に連れ戻してきます」

　その後加奈さんは家に戻り、滞納額は本人がペットショップでアルバイトして、分割で支払っていくことになりました。念願だったトリマーの専門学校に通いだしたことも、教えてくれました。

　本音でぶつかる。何でも言い合える。

　些細なことだと思っていたようなことでも、ほんの僅かなボタンの掛け違いで行き違いになることもあります。「子育ての難しさ」は親なら誰でも感じたことがあるでしょう。一見問題がないように見える家庭だって、大なり小なり悩みを抱えているものです。

それでもかつては、家出しても行くところがなく、結局、家に戻るしかありませんでした。どんなに大げんかして出て行った子どもでも、親は受け入れる。そうやって子どもは成長し、家庭内のいざこざはいつしか笑い話になり、やがて親に感謝しながら自立していきました。

ところが、部屋が簡単に借りられてしまう時代になり、多くの若者たちは、安全な巣に戻ることなく迷走しています。簡単に借りられる部屋の存在によって起こっているのは、家賃の滞納という問題だけではないのです。

【事例 11】
体裁を気にする親に依存し続けた男の悲劇

「もう本人も40歳を過ぎているのだから、自分で払ってもらわないと。今まで何千万円分も払ってきたんだ。もう払いきれません」

連帯保証人の木村慎之介さんの言葉です。歳は70歳。41歳になる息子の哲郎さんが家賃を払わないので、何年も代わりに払ってきました。

哲郎さんは、もう20年近くこの部屋に住んでいます。会社勤めをしていた頃は、家賃もきちんと支払われていたのですが27歳で起業し、掃除やマット交換の代理店を始めてから事態は暗転。経営が上手くいかず、家賃も滞納しがちになっていったのです。

連帯保証人が10年以上も賃借人に代わって家賃を払い続けるというのは、かなり稀なケースですが、慎之介さんに督促すればすぐに払ってもらえたので、家主も敢えて別の手を打ってきませんでした。その結果、慎之介さんが肩代わりした金額はすでに1500万円を超えていました。

ところが突然、その連帯保証人から支払いを拒否されたため、家主は明け渡しの手続きに乗り出しました。その状況になっても哲郎さんは、自分では払おうとはせず、督促に行った担当者にも、「親父に払ってもらえ」と悪態をつくだけでした。

そもそも連帯保証人というだけで、なぜこんなに長期間支払い続けたのだろう？

そんな疑問を抱いた私は、慎之介さんに連絡をとってみたのです。

「もう私たち家族では、手に負えません」

お願いですから、もうあいつを追い出してください。もう私の手には負えません。あいつは子どもの頃から成績も悪く、何をやってもダメな子だったんです。地元の学校に進学されてはあの子のレベルが知られてしまうので、東京の大学に行ってくれて助かりました。名もない学校でも「東京の大学に行っています」と言えますから。

やっと就職したと思ったら、競艇に手を出して。収入はあるはずなのに、いつもお金を無心してきたんです。いったいどれだけお金を送ったことか、もう覚えていません。

それなのにいきなり脱サラすると言い出して。そのときも１０００万円ほど用立てました。うまくいってるのかと聞くと、「うるさい」って怒鳴るので、何も聞けません。

ここ数年は、毎月のように家賃の督促が私の方にあって、仕方がないのでずっと払ってきました。

でも、もう私も限界です。これまで哲郎に何千万も持っていかれているんですよ。もう年金生活なんです、勘弁して欲しいです。

ここ最近、哲郎とは連絡もつきません。何通手紙を送っても音沙汰なしです。私は体力的に東京まではもう行かれませんから、哲郎の姉を行かせてみたんです。そうしたら哲郎に殴られたって、泣いて九州に戻ってきました。もう私たち家族では、手に負えません。

あの子さえいなければ、我が家はとても平穏なのです。哲郎がいるから、私たちは安心して寝ることもできない。どこか消えてくれればいいのに、本気でそう思います。


慎之介さんから、哲郎さんに対する不満は溢れるばかりですが、連帯保証人の慎之介さんが立て替え払いをしないとなれば、連帯保証人である慎之介さんも相手に明け渡しの訴訟を申し立てするしかありません。

すると慎之介さんは、すがるように助けを求めてきました。


わかりました。お金は払います。だから私を被告にはしないでください。立

場がなくなりますから。私は教育者なのです。中学校の校長もしました。今は私立の高校の顧問もしています。被告になんてされてしまえば、立場がありません。

強制執行にかかる費用まで、ぜんぶ私が負担します。はい、約束します。だからどうか私を被告にすることだけはやめてください。

長期間、慎之介さんがお金を払ってきた理由が、これで分かりました。保身を図るために、息子と向き合うことなく、安易にお金を払い続けてきたということなのでしょう。

哲郎さんは41歳ですから、もちろん十分すぎるほど大人です。けれどもここまでずっと親がかりで生きてきた人が、今になっていきなり梯子を外されてしまえば、生きていくのは難しいのではないでしょうか。

膝を突き合わせて、もっと早くに親子が向き合っていれば、違った結果になったかもしれません。

残酷だな……そんな印象すら抱きました。

「親父が払えばここに居られるんだろう?」

慎之介さんとは支払いを約束した書面を交わし、哲郎さんだけを相手にした明け渡しの訴訟手続きが始まりました。手紙を書いても、電話をしても、そして会いに行っても、哲郎さんとは話し合いはできませんでした。

哲郎さんは欠席でしたが、裁判では明け渡しの判決が言い渡され、手続きはいよいよ強制執行へと移ることになりました。


執行官が部屋のベルを鳴らしても、中から鍵を開ける様子はありません。でもエアコンのファンが回っているので、哲郎さんは室内にいるようです。

「木村哲郎さん、裁判所です。鍵開けますよ」

何度か執行官が声をかけた後、外から部屋の鍵が開けられました。すると中からバットを振り回しながら、哲郎さんが飛び出してきたのです。

「警察呼んでっ!」

執行官は叫び、執行の現場は騒然としました。

「警察」という言葉を聞いて、我に返った様子の哲郎さんからは、悪臭が漂っていました。背中まで伸びた髪の毛は何日も洗われていないようです。部屋の中は、ゴミ屋敷のようでした。昼間からお酒を飲んでいたのか、テーブルの上にはビールの空き缶が並べられています。

少し落ち着きを取り戻した哲郎さんに、執行官は執行手続きを説明します。ところが、哲郎さんは、「親父が払うから。いつまでに払えばいいの？」という言葉を繰り返すばかりでした。

執行官が部屋に公示書を貼り、期日までに部屋から退去するように伝えても、哲郎さんは最後まで「親父が払えばここに居られるんだろう？」と言い続けます。

１回目の催告の後、関係者が話し合いをしました。奇声を上げる、暴れるということで、近所から度々通報があり、哲郎さんは現場近くの警察ではよく知られた存在だったそうです。そこで話し合いには、警察の方にも入っていただきました。

垣間見る哲郎さんの姿は、とても経済活動ができるとは思えません。アルコール依存症の可能性は高く、精神も少し病んでいるかもしれません。とはいえ、病気だと断定できる状況でもなく、年齢的にも1カ月後の断行日には、やはり退去させるしかないという結論に至りました。

しかしながらこの状態で、哲郎さんは生きていけるのでしょうか。自身で生活保護の申請等ができるのでしょうか。役所へ相談に行けるのでしょうか。

ここはご家族の助けが必要ではないか、そう思いました。

確かに哲郎さんは40歳を過ぎたいい大人です。血の繋がった親から、本人の問題だと切り捨てられても仕方がない年齢でしょう。ただ少なくとも今の哲郎さんを見る限り、ひとりで生活ができるとはとても思えません。何らかの支援は必ず必要なのです。

それでも結局、慎之介さんは、哲郎さんがご実家に戻ることを受け入れてくれませんでした。「世間体が悪い」。慎之介さんが何度も口にしたのはその言葉だけだったのです。

「約束通り、すべての費用は負担します。でもお金以外のことはできません」

そうなると、私たちにはどうすることもできません。

いよいよ強制退去の断行の日。予め警察も待機して、手続きが始まりました。哲郎さんは、午前中にもかかわらず、またお酒を飲んでいるようでした。前回同様暴れだしたので、警察の方が哲郎さんを部屋の外へ連れ出します。その間に荷物は、部屋から運び出されていきます。20年近く住んだ部屋には想像以上の量のゴミが溢れていました。

このゴミの中で、哲郎さんはどんな思いで生活していたのでしょうか……。

結局、哲郎さんは身の回りの物だけを持って自転車で立ち去り、慎之介さんからは約束の金額がきちんと振り込まれてきました。

家主に依頼された家賃滞納の問題は、解決しました。けれども、私の心に残ったのは、なんとも後味の悪い複雑な思いだけでした。

第3章 家賃滞納の知られざる闇

身の丈を超えた物件が簡単に借りられる

司法書士として賃貸物件のトラブルに関わるようになって、約16年が経ちました。関わり始めた当初こそ、家賃滞納が発生し賃借人への督促に効果がない場合は、連帯保証人を巻き込むというのが普通でしたが、気がつけばいつの間にか、家賃保証会社の存在は無視できなくなっています。

古い会社なら設立20年以上にもなる家賃保証会社ですが、実は法規制がなく、日本にいったい何社くらい存在するのか、今のところ誰も把握できていません。中には不動産管理会社が、自社で家賃保証会社を設立しているケースもあります。法規制がないということは資本金の縛りもないわけですから、言わば誰でも家賃保証会社を設立することができます。それゆえに、その実態を把握することは難しいのです。

もちろん、家賃保証会社があって助かったという賃借人は、少なくありません。

連帯保証人というと、多くの人は実の親を思い浮かべるでしょうが、高齢の場合など、保証できるだけの経済的基盤がないと判断されれば、連帯保証人として認めてもらうことができません。そうなると兄弟姉妹、あるいは親族、もしくは友人などに頼らざるを得ませんが、そういう人たちに頭を下げることに抵抗がある人は珍しくないのです。また、ひとりっ子も増えているため、そもそも身近に経済力のある連帯保証人を探すことが難しいという現実もあります。

また、連帯保証人は、印鑑証明書の提出や実印での書類押印、さらには一般的には経済的基盤があるかどうかを確認するために、所得証明の提出も求められます。わざわざ取得に行かねばならない手間がかかる上、自分の所得まで知られるとなれば、よほど良好で親しい間柄でない限り、引き受けるほうも二の足を踏んでしまいます。

結果、連帯保証人というのは、頼む方にも頼まれる方にも大きなストレスがかかってしまうものなのです。

けれども家賃1カ月分程度の保証料を支払えば、家賃保証会社が利用できます。確かに出費はかさみますが、それで煩わしさから解放されるなら、その方がいいと考える人も多いでしょう。

さらに民法が改正され、2020年からは賃借人の連帯保証人の支払い額に、限度を定めなければならなくなりました。そのため今後はさらに家賃保証会社のニーズは増すはずです。

とても便利に思える家賃保証会社ですが、実は大きなデメリットがあります。それは、賃借人が身の丈を超えた部屋を借りることを食い止める心理的なハードルを引き下げてしまうということ。連帯保証人が果たしてきた、口うるさいお目付役としての役割が欠けているのです。

例えば、月収20万円の我が子から、10万円の部屋を借りたいから保証人になってくれと頼まれたら、普通の親なら「身の程を知りなさい！」と突っぱねるはずです。そうなれば、たとえ不本意であっても、今の自分に相応だと思われる家賃の物件にせざるを得ないでしょう。わざわざ小言を言われたくはないし、そのような物件を借りることを最初から諦めることも多いはずです。

ところが、相手が家賃保証会社になると、そのハードルが一気に下がります。ちょっと無理かな、と思うレベルの物件でも、それを借りたいと意思表示をする上での心理的なハードルは、連帯保証人を相手にするよりグッと低くなります。また身の丈以上の物件であっても、家賃保証会社の審査が通ってしまったら払える気になってしまうものです。

各社の基準発表がないので断言はできませんが、家賃保証会社の審査の基準はそれほど厳しいものではないというのが私の印象です。そもそも、家賃保証会社だってビジネスです。契約件数を増やさなければ、経営が成り立ちません。競合となる保証会社はたくさんあるので、自分のところが断れば、別の保証会社に客を取られるだけです。もし事故（滞納）があれば、全力で督促して回収すればいいと考え、審査を厳しくしていられないのでしょう。

その結果、背伸びした物件が簡単に借りられてしまうのです。

「家賃は月収の3分の1」は危ない

家賃は月収の3分の1が相応と言われていたのは、もう過去の話です。今の世の中、理想は4分の1以下にまで抑えなければ、大きなリスクを背負いかねません。

外出先で喉が渇けば、コンビニや自販機で飲み物を買えばいい。忙しくて夕飯が作れない時は冷凍食品や惣菜を買えばいい。そんな便利さに私たちはすっかり慣れてしまいましたが、水筒を持って出かけたり、自炊をするより、明らかに費用はかさみます。また、スマホや携帯代金の支払いなど、かつてはなかった必要経費も生まれました。近年の夏の酷暑には、エアコンをつけなければとてもではありませんが太刀打ちできません。だから、当然、電気代も上がります。挙げだしたらキリがありませんが、私たちの生活は以前より、確実にお金がかかるスタイルに変化しているのです。

その状態で月収の3分の1に上る家賃を支払うとなれば、傍から見れば豊かに見えても、生活はカツカツになって当然です。貯金をする余裕など残されていません。蓄えがなければ、何かの拍子に家賃が払えない月が出てきても何ら不思議ではありません。そういう人たちにとって家賃滞納とは、毎月直面するリアルなリスクなのです。

お金の教育が足りない日本

日本では、小さな頃からの「お金」に対する教育がなされていません。「お金のことをむやみに口にするのははしたない」というイメージが根強く、お金に関する知識を得る機会に恵まれません。

家賃を滞納する人たちを見ていると、そもそもお金をコントロールするという意識をもてない人が圧倒的に多いと感じます。

今の生活を続けていれば家賃が払えなくなりそうな状況に陥っていても、じゃあ、生活レベルを落とそう、あるいはもっと安い部屋に移ろうといった逆算の発想がもてないのです。

また、最近は「お金を借りる」ことに対してのハードルがかなり低くなっています。

かつては、お金を借りるためには誰かに頭を下げるか、もしくは人目を避けて裏路地にある質屋に行って自分の大切な物と引き換えにするか、つまり何らかの痛みを伴う必要がありました。

ところが１９７０年代後半から消費者金融が急速に普及し始め、気がつけばゴールデンタイムに、前向きなイメージのテレビＣＭが堂々と流されるようになっています。消費者金融＝怖いというイメージはすでに払拭されていると言ってもいいでしょう。さらに進化した消費者金融は大手メガバンクの傘下に入り、消費者はより気軽に無担保でお金を借りられてしまうようになりました。窓口に行かずとも、ＡＴＭでも簡単にお金が借りられる時代になり、銀行で自分の預金からお金を引き出すのと大して変わらない感覚で、気軽に借金ができるのです。

その結果、安易な借り入れを積み重ね、金銭トラブルに見舞われる人が量産されたのです。

日本の裁判所で、一日に消費者金融を含めた金銭がらみの裁判が、いったい何件なされているのかご存じですか？

払われていないお金を請求するもの、逆に、払い過ぎた利息を取り戻す請求をするもの。どちらにしてもお金の貸し借りに起因する訴訟は、東京簡易裁判所だけでも一日１００件以上が開廷されています。これを全国の裁判所で計算すると、気が遠くなるような数になるでしょう。

それでも「お金の教育」に注意を払う人は決して多くありません。きちんと「お金の教育」をしていけば、そのようなトラブルの数は減らせるはずです。

でも現実には、元凶を放置したまま、増え続ける訴訟の対応に振り回されているだけなのです。

そもそも安い部屋が見つからない

先に述べたように、毎月の最大固定支出となる家賃は、月収入の4分の1以下を目安にした方が安全です。その一方で、賃金もあまり上がっていないため、多くの人が問題なく支払える家賃は決して高くないのに、実際には家賃の金額は上昇傾向にあるのです。

その要因としては、建物の建替えでしょう。昭和40年代に建った木造アパートが老朽化のため建替えられ、高収益を生む建物に移行しています。空室となるのが怖い家主が、人気物件となることを目指して高スペックの建物を建築しているのです。その結果、安い部屋を探すのが難しくなってしまいました。6畳一間で共同便所の物件も、最近ではほとんど見かけません。新築される物件は、オートロック、宅配ボックス、温水洗浄便座、インターネット環境等が完備されているような物件ばかり。そうでないとネット検索にもかからないからです。その結果家賃は高騰し、やむなく身の丈以上の部屋を借りるしかない、という状況になっている可能性もあるのです。

身の丈を超えた家賃は当然ながら、家計を圧迫します。いざ生活を始めれば、「もう少し家賃が安ければ生活は楽なのに」と後悔するようになるでしょう。早い段階で安い部屋に移転できればいいのですが、引越しするとなればまた費用がかかりますし、ことはそう簡単にはいきません。そうなると、もはや生活レベルを落とす以外に方法はありませんが、それができなければ、家賃が払えなくなるのは時間の問題なのです。

家族関係が希薄な家賃滞納者

また、多くの家賃滞納者の背後には、家族関係の希薄さが見え隠れします。20歳を過ぎたばかりの家賃滞納者の親御さんから、「本人は14歳から家出しているので自分には関係ない」と言われたこともあります。物件の場所を教えるのでぜひ本人に会いに行って欲しいとお願いすると、「今さら会って何を話すのか」とガシャンと電話を切られてしまいました。

もちろん発せられる言葉のすべてが、真実とは限りませんし、責任を追求されたくなくて、わざとそういう言い方をしている可能性もあります。

それでも、日々業務の中で親子関係の冷たさを感じることは、非常に多いのです。

忘れられないのは、大阪の生野区にある部屋の家賃を滞納し続けた20歳の男性のケースです。本人とまったく連絡が取れなくなったため、四国に住む親御さんに連絡すると、「2、3年連絡を取り合っていないが、便りがないのは良い知らせ」だと言い切り、まったく関わろうとしないのです。

しかしその若者は、部屋の中で餓死していました。

慣れない土地で思うような生活ができず、友達もおらず、そして親にも助けを求められずに力尽きた、そんな残酷な結果だったかもしれません。

その後、警察から連絡を受けた父親は、「金がないから大阪になんて行けない。好きに処理してくれ」と、息子の亡骸の引き取りに行くことすら渋っていました。さすがに最後は説得されて、夜行バスでなんとか来てはくれましたが、息子の亡骸を前にしてもなお、お金がかかってしまうことを最後まで愚痴っていました。

人が頑張れる原動力は、誰かから「愛されている、必要とされている」という揺るぎない基盤ではないでしょうか。そこが欠けていると、前を向く力を生み出せないこともあるように感じてしまいます。もしかしたら亡くなったこの若者には、その基盤が欠落していたのかもしれません。

この若者のケースでは、親世帯も経済的に困窮していました。それがわかっていたから助けを求められなかったのかもしれません。親のほうも、貧困が原因で心の余裕がなかったのかもしれません。ただ、たとえそうだとしても、20歳そこそこの若者が部屋の中で餓死に至るまで「助けを求められなかった」という状況に、衝撃を受けずにはいられませんでした。

それと同時に親というのは、いつまで子どもに対する責任を負わなければならないのか、という疑問が頭をもたげる場面にも度々出くわします。「親」というだけで、半永久的に責任を追及されてしまうことも、それはそれで厳しい話だなとも思うのです。

犯罪を犯した人の親がインタビューを受けている姿をテレビなどでよく目にしますが、当人が未成年者ならともかく、すでに成人している場合、果たしてそれは必要なのだろうかという疑問を持たずにはいられません。年老いた親がうなだれて謝罪している姿は、見ていてこちらまで辛くなってしまいます。いったい親は、いつまで親としての責任を追及されるのでしょうか。

逆に高齢の親を、子どもが見放すケースもあります。

年齢的に経済活動を続けることが難しい高齢者が家賃を滞納した場合は、息子さんやお嬢さんにご相談することが多いのですが、連絡をとっても「何年も前に縁を切っているので」と、平気で電話を切られることがあるのです。

高齢の親を施設に入れる選択をする人が増え始めた頃、「まるで姥捨て山だ」とその状況を嘆く空気は少なからずありました。しかし今、親の存在そのものまで「捨てる」ことが横行しているのです。実は高齢の賃借人の家賃滞納に対して、ご家族の協力が得られるのは100件に1件あればいいほうです。

高齢者の場合、支払えないから引越ししなければいけないという認識があっても、引越しに必要な財力はもちろん、そこに向かう気力や体力もありません。だからこそ本来は家族の協力が必要なのですが、現実は厳しいものです。もちろんそれぞれに「縁を切る」に至った事情はあるのでしょうが、その言葉を聞くたびに、なんとも言えないやるせなさだけが残るのです。

ひとり親家庭に経済的困窮からの出口はあるのか

何らかの事情で夫婦が離婚した場合、母親が親権者となって子どもを養育するケースが圧倒的に多いのは、今も昔も変わりません。

ただし、親権者でなくても親である以上、子どもを養育する義務がありますから、子どもと一緒に住んでいないほうの親（多くの場合は父親）は、養育しているほうの親（多くの場合は母親）に養育費を支払わなくてはなりません。また、元夫婦であったかどうかに関係なく、認知した子ども、養子縁組をした子どもがいる場合も、この義務は生じます。

しかし、現実には養育費をもらっていないひとり親は数多くいます。2018年の厚生労働省の調査によると、養育費をきちんと受け取っている人はたった26％。逆に一度も受け取ったことがないという人がなんと53％もいるのです。また、支払いを約束していたにもかかわらず、その約束が途中から果たされなくなった人が16％であることも明らかになりました。これは驚くべき数字です。子どもは父親・母親ふたりの子どもなのに、一緒に暮らしていない親が養育費を支払わない、そんな理不尽なことが横行しているのです。また、中にはＤＶ等で逃げてきたため、養育費の請求を断念しているケースもあります。

特に女性のひとり親家庭の場合、十分な収入が得られているのはほんの一握り。たったひとりで子どもの養育と仕事を両立させるには多くの困難があり、雇用が不安定な非正規雇用を強いられ、正社員として働けないという人が多いのも原因の一つです。そのため大半のひとり親家庭の所得が低いうえに、さらに養育費がもらえないとなると、髪の毛を振り乱して懸命に働いてもギリギリの状態です。貯蓄などする余裕はありませんから、アクシデントがあれば、すぐに貧困状態に陥り、家賃を払うこともできなくなるのです。

子どもを抱えていれば、アクシデントなど珍しいことではありません。

特に小さい頃は体調を崩しやすく、予防したくても保険適用外のため高額になる予防接種を受けられない家庭もあるでしょう。体調が不安定な子どもを抱えている場合は、仕事を休みがちになりますから、収入も減ります。最悪の場合は職を失う可能性もあります。ひとり親家庭はそのリスクと常に闘っているのです。

そんな崖っぷちに立っていれば、子どもが熱を出すと、目の前の辛そうな子どものことより、今日の仕事をどうしようという思いが先に立ってしまうのは仕方がないことです。そうした中、そんな自分に罪の意識を感じてしまう人は少なくありません。そしてますます追い詰められていくのです。

子どもに多少手がかからなくなると、経済状況を優先するためダブルワーク、トリプルワークを選択するひとり親もいます。ただ、その一方で母親と接する時間が減った子どもが、淋しさに囚われることもあります。生活に追われる親と一緒に暮らす子どももまた、不安な気持ちで生きているのです。そうなると親はその対処にも時間をとられて、ますます疲弊していきます。だからといって子どもに付ききっりになれば仕事がままならなくなり、その先にあるのは貧困です。これはもう悪循環としか言いようがありません。

成長とともに教育費の問題も重くのしかかってきます。貧困の連鎖は避けたいと多くの親は良い高校、良い大学に行かせようと必死になります。それでも思うように収入が増えず、奨学金という名の借金に頼った結果、子どもは社会人になってからもその返済に追われ、自己破産するというケースは増えるばかりです。

家賃滞納の現場で出会うひとり親は、懸命に生きているのに収入が追い付かず、力尽きて滞納に陥るというケースがほとんどです。家賃が高い部屋に住んでいるわけでもなく、借りている部屋といえば、築年数を重ねた質素な物件です。それでもその家賃を支払ってしまうと、生きるのもままならなくなるほど追い詰められているのです。

現在の日本の7人に1人の子どもが相対的貧困と言われていますが、ひとり親家庭の子どもに限れば、その割合は2人に1人にまで高まります（2017年6月発表の厚生労働省のデータ）。

もちろん、だからと言ってひとり親の家賃滞納は仕方がない、と言うつもりはありません。ただあまりにサポートされる環境が少なく、支援も行き届かず、また有益な情報を与えられていない（情報を得るだけの余裕がない）と感じるのです。ひとり親が家賃滞納せざるを得ない現実に、社会はもっと真剣に目を向けてほしいと思います。

家賃滞納で家主も困窮する

その一方で、堂々と開き直り、家賃滞納を常習としている人もいます。

今やネットで情報が溢れ、検索すれば「どうしたら一日でも長く居座れるか」という知恵も簡単に得ることができます。賃貸物件が数少なかった頃に作った法律が未だ受け継がれているので、賃借人保護に偏った裁きをするのもその原因の一つです。

それを逆手にとった悪質賃借人は一定数いて、彼らは家賃を払わずして住み続けるのです。滞納したままとにかくぎりぎりまで居座り、また転居して滞納する。それを繰り返している人も多くいます。

ところが、悪質な賃借人の情報はクレジットカードの信用情報のように共有されないので、別の不動産屋に行き、違う家賃保証会社の保証を受ければ、また新たな部屋が借りられてしまいます。

そのせいか悪質な滞納者は、確実に増えています。しかも謝罪の言葉を口にするどころか、「払えません、それが何か？」と、完全に開き直っている滞納者もとても多いのです。退去日時の約束をしていても、平気で「引越し代金がないから」と言い訳をして、そのまま住み続ける人もいます。

そもそも、家賃を払わない人を即追い出す、ということは日本の法律では許されていません。「家主＝金持ち、賃借人＝貧乏」といった大昔の認識のもと、賃借人の権利が保護され、家主側の権利は、いつも後回しにされてしまうのです。

けれどもすべての家主が金持ちだというのは大きな誤解です。

一昔前までは、賃貸物件を建てさえすれば、さして努力しなくても入居者はすぐに決まりました。ところが不動産投資をする人も増え、大幅に物件数が増えた今はそう甘くはありません。数ある物件の中から、自分の物件を選んでもらわなければならない時代になったのです。

そんな状況の中で、「年金代わりに家賃収入を」という営業トークに煽られてたくさん賃貸オーナーが生まれました。「不労所得を得ましょう」と、賃貸経営を軽く考えている投資家もいます。ところが現実には入居者を集めることに苦慮して、思ったほど賃貸収入が得られず、大変な思いをしている家主が続出しているのです。

そういう家主は物件を建てる際に、多額の借り入れをしているケースがほとんどですが、建築側の営業トークによれば、その返済は「家賃収入で賄える」（しかもそれでもお釣りが出る）はずでした。ただし、それはあくまでも、常に空室がなく、さらに入居者から毎月きちんと家賃が支払われることが前提なのですが、そのリスクを想像しなかったという家主は驚くほど多いのです。

同じ1億円でも、株に投資することにはかなり慎重になるはずなのに、賃貸物件への投資となると、なぜか急に甘く考えてしまう人が多い。そう感じているのは、私だけではないはずです。

そういう家主にとって、家賃滞納は一大事です。払えないのなら退去してもらいたいのですが、ことはそう簡単ではありません。前述のように、賃借人の権利が守られているからです。そうなると滞納額は増える一方。最終的には法的手続きに着手してでも、出て行ってもらわねばならないことになります。

ところが当然ながら、法的手続きにもそれなりの費用がかかります。それでようやく滞納者を追い出すことができたとしても、滞納分の回収は残念ながらほとんどできません。「支払え」という判決は下しても、裁判所は相手からお金をもぎ取ってはくれないのです。

だったら財産を差し押さえればいいと考えるかもしれませんが、家賃滞納するような人の銀行口座に預金残高が潤沢にあるということは、ほとんどありません。むしろ他にも借金があり、自転車操業になっているケースが大半を占めるのです。差し押さえされては困るほどの蓄えがある人は、そもそも家賃滞納などしないでしょう。失うものがないからこそ、家賃滞納ができると言ってもよいのではないでしょうか。

つまり、手間と費用をかけて差し押さえの手続きをしたとしても、滞納賃料の回収はあまり望めないということです。

家賃がきちんと支払われてこその賃貸経営です。家賃滞納されてしまうと、家主はその分の負担を背負わざるを得なくなります。そして司法が極端に賃借人保護に偏っているために、家賃を払わない賃借人を勝手に追い出せない、簡単に追い出せない、滞納分の回収ができづらい、そのようなリスクも背負うのです。

そのせいで家主側の破産も増えています。物件を手放したいけど、売却代金でローン残額の完済ができないため追い金が必要で、その費用を捻出できないために売却もできない、そんな苦悩を抱える家主はたくさんいます。

賃貸経営だって、立派な投資です。株への投資と同様に、十分な知識や経験を積んだ上で慎重に行わなければ、高いリスクを背負うということを忘れてはいけないのです。

相続税対策として賃貸経営に乗り出す人も激増し、物件数はさらに増える一方です。需要と供給のバランスは完全に崩れてきています。この先多くの家主が、かなり深刻な空室問題を抱えることになる事態は避けられないかもしれません。

そうなると、本来では賃貸物件を借りるだけの経済的基盤がない相手に、滞納のリスクを覚悟してでも貸さざるを得ない家主側の事情も出てくるはずです。そんな家主にとってありがたい存在こそが、まさに家賃保証会社なのです。

借りる側には「連帯保証人を確保せずに済む」というメリットを、そして家主側には「万一のときに家賃を代位弁済してくれる」という安心感を与える家賃保証会社は、これからの賃貸業界でなくてはならない存在であることは間違いありません。

ただし、一方でそれは家賃滞納を生む元凶にもなる、諸刃の剣なのです。

第4章
家賃滞納が映し出すシングルマザーの実態

【事例　12】

生活保護が受けられない？

山中みどりさん（42歳）は、高校3年の息子さんを抱えながら日々奮闘していました。

部屋は35㎡ほどの2部屋。木造アパートで、築年数もかなり経っています。大きな地震がきたら倒れてしまうのでは、そんな心配すらしてしまうほどの老朽アパートでした。家賃は5万2000円。払ったり払えなかったりの繰り返しで、すでに家賃4か月分ほど20万円以上滞納していました。

この家賃で滞納になってしまうと、さらに安い物件を探さねばならず、なかなかそのような物件は空いていないため、次の転居先探しが大変かな、そう感じました。

悪質な滞納者以外は、このままだと家賃が支払えないということは分かっています。転居した方がいい、とも思っています。しかし収入の低さや条件の悪さから、次の転居先探しが難航します。そのために、途中で心が折れてしまうのです。気持ちに余裕があれば、公営住宅に随時申し込みをしていくのでしょうが、なにせ時間に追われる生活なのでそこまで手がまわりません。本当に必要な人たちに、公的機関の住居は、なかなか回ってこないのです。みどりさんも、まさにそんなケースでした。

8月の暑い頃、支払いを求める内容証明郵便を送ると、みどりさんから連絡を受けました。消え入るような声でした。

「払えないのですが、この先どうなっていくのでしょうか」

手続きの流れをお伝えしても、頭に入っていっていないようです。気持ち的にかなり追い詰められているように感じました。

「生活が苦しいようなら、役所に相談してみませんか?」

と聞いてみると、「それはできません」の一点張り。そしてポツリポツリと事情を話してくれたのです。

「私が頑張るしかないんです」

　息子の光喜が、高校で野球をしています。とても熱心に取り組んでいて、甲子園に出られるかも、っていうくらいがんばっています。それに引き替え私の方は、さして手に職もないので、昼間は社長含めて４人の会社の事務で仕事し、夜は居酒屋でも働いています。それでも収入は、少ないです。二つ合わせても、手取りは15万円もありません。

　生活保護を受給した方が、生活そのものは楽になると思います。でも受給できません。なぜかって？

　光喜は、あれほどがんばって野球をやっているのですよ。でも合宿とか遠征とかいろいろあります。その費用は、生活保護の観点からみると「贅沢費」と認定されてしまうのですよ。生活保護を受給したら、光喜は野球を続けられなくなるんです。親として、そんなかわいそうなことできますか？　だから私が、がんばらないといけないんです。

　でも働いても、働いても、いつも生活に追われています。がんばらないといけないことは、十二分に分かってます。でもこんなに働いても、生活は楽にはならない。世の中、不公平だと思います。

元旦那ですか？　養育費なんて払ってきません。もともと払ってくれるような責任感ある男性だったら、離婚なんてしなかったと思います。私も稼ぎがないので、子どものために離婚せずにがんばろうと思いましたが、暴力がひどくて、逃げてやっと離婚してもらえました。

そんな相手だから養育費をアテにはしていなかったけど、案の定、一回も払ってきませんでした。

男はいいですよね、自分の子どもなのに、別れたらそれっきりです。養育費も払わなかったら、ただの独身ですよ。何でもできますよね。給料だって私なんかよりずっとたくさんもらっているでしょうし。女は、本当に損ですよ、本当に……。

養育費の督促？　ええ、そりゃ、なんどもしましたよ。でも払わないんだもの、仕方がないじゃないですか。あまり催促して暴力振るわれたら怖いから、それ以上言えません。

役所でも母子の手当をもらうために、毎年、現況確認されるんですよ。知っていますか？　養育費をもらっているかどうか、ボーイフレンドがいるかどうか、同棲しているかどうか、身辺調査を面と向かってされるんです。

どうしてこんな屈辱を受けなきゃいけないんですかね。なぜプライベートなことを、ここまでズバズバ聞いてくるんでしょう？　しかも毎年平日の昼間に、役所に呼び出されるんです。ただでさえ会社で厳しい待遇なのに、社長の機嫌がいいときを狙って、役所に行く許可をもらわなきゃいけないんです。これだけだって、ストレスなんですよ。その上、役所で「どうして養育費をもらわないのか」って言われるんです。まるでもらえない私が悪いみたいに言われて、すごく辛いです。払わない男性側は批難されずに、どうしてもらえない女性側が責められるのでしょうか。

本当に理不尽だと思います。毎月払われないというストレス、分かりますか？　通帳の記帳に行くでしょう？　「ただ今、記帳すべきお取引はありません」ってATMの機械は言うんです。回りの人も、聞こえますよね。私はそんな中で、記帳されない預金通帳を機械から取り出すんです。ほんと情けないです。

　養育費さえあれば……そうなんども思いますよ。だけど払ってくれないし、仕方がないじゃないですか。でもこれを愚痴ると、結局「でもそんな相手を、あなたが選んだんでしょう?」って言われてしまう。だから言えないんですよね。これ言われたら、もう言葉がありませんから。

　結局すべて私が悪いんだなって思ってしまいます。だから身を粉にして働いているのに、生活はちっとも楽になりません。でも息子が、がんばっているんです。親としては、精一杯応援してやりたいんです。だから、なんとか私が踏ん張らないと。

　そう、分かっています。だけど、どうしても家賃まで手が回らないときもあるんです、野球はお金がかかってしまうから……。でも本当に、いったいどうしたらいいのでしょうか。誰か教えてください。

これが多くのシングルマザーの現実です。

一生懸命に働いても、特殊な技能がなければ、生きるだけで精一杯の生活です。

仕事から戻ってきて、翌日の食事の下準備をして、洗濯をして、ようやく横になれるのは深夜1時くらい。息子の朝練習のために早く起きて、ご飯を作って、お弁当を持たせて、送りだして、自分も出勤して、夕方仕事から戻ってきて、晩ご飯の準備をして、居酒屋にアルバイトに行って、そんな毎日です。息つく暇もありません。横になった次の瞬間、朝です。疲れの抜けきらない身体を無理やり起こし、いつもと同じ一日をスタートさせて行くのです。

貯金なんてほとんどできません。そんな中で息子の合宿や遠征試合が入ると、家賃が払えなくなります。野球にかかる費用がない月に、家賃に上乗せして滞納分を支払おうと思うのですが、上乗せ分まで手が回らず、結局、滞納分が増えていってしまいました。

そのような事情を聞けば、もちろん心が痛みます。とはいえ、家主もボランティアで部屋を貸しているわけではありません。家賃を支払っていただけないのなら、退去してもらうしかないのです。生活要支援者の滞納者を救うべきは行政のほうであり、民間の家主が背負わされてしまうのは余りに酷な話です。

言うまでもなく家賃の滞納とは借金です。ご両親も他界され頼れる親族もいないみどりさんに、返せる見込みがない借金をこのまま積み重ねさせるわけにはいきません。収入を増やしようがない状況を考えれば、今より少しでも安い部屋に転居して、その上で生活を立て直してもらうのがいちばんです。引越しには費用がかかりますが、それでもとりあえず転居して、滞納分を分割で支払ってもらうのが、もっとも現実的な解決策だと思われました。そのためには何らかの資金援助が必要です。生活保護の申請が通ればすべては解決します。

しかし、みどりさんを説得しても、なかなか首を縦に振りません。でもこのまま明け渡しの訴訟手続きが進んでしまうと、みどりさんが拒否したとしても強制執行の手続きで部屋から退去させられてしまいます。何とか説得をしようと連絡を続けましたが、裁判所に訴訟提起して以降、みどりさんと連絡がつかなくなってしまいました。

心折れそうになりながらがんばっている滞納者を、法の手続きで追い出すことは仕事とはいえ辛いものです。少し気になったので、みどりさんのところに行ってみました。

ドアをノックすると、家の中の気配を感じるものの、みどりさんは出てきてくれません。留守ではないはずなんだけど……そう思いつつ、またノックをすると、しばらくしてみどりさんはドアを開けてくれました。

体調を崩していたのか、目に元気がありません。髪の毛は乱れたまま。どうやら張りつめていた気持ちが、「追い出される」というプレッシャーで切れてしまったようです。

話を聞くと、駅のホームに立つと涙が溢れてきて電車に乗れなくなり、その日からずっと仕事に行けなくなってしまったのだそうです。この先どうなるんだろう、もう頑張れない、でも息子のために頑張らないと、そんな葛藤で頭の中がいっぱいになり、夜も寝られていないようでした。まるで蟻地獄に吸い込まれていくようだと悲痛な表情を浮かべるその様子は、明らかに鬱状態でした。

もうこれ以上放ってはおけない。誰かのサポートが絶対に必要だと私は確信しました。

そして、その誰かになってくれたのは、他でもない、最愛の息子さんだったのです。

「母に本当に申し訳ないです」

僕、何も知りませんでした。母はいつも僕を応援してくれていました。うちの家が貧乏だってことは、もちろん気がついていました。でも家賃まで払えていないなんて、そこまでとは知りませんでした。母に申し訳ないと思います。僕だけが知らずに、野球に明け暮れて。もし知っていたら、野球せずにアルバイトして、家にお金を入れられたのに。

僕から見ても、母はいっぱいいっぱいの生活でした。よく倒れないなって、ずっと思っていましたよ。だって母が寝ている姿って、ほとんど見たことがない。

たまに僕が朝起きたら、玄関のところで靴も脱がないままで横になっていることがあります。靴を脱いで、部屋に上がって、洋服を着替えて寝る、それすらもできないくらい疲れているってことですよね。

僕も何度か「野球やめようか」って言ったことがあったんです。でも母は「大丈夫やから、安心して思う存分やりなさい」って応援してくれて。でも実は、そんな状態ではなかったんですね。

毎日お弁当を作ってくれて、僕を朝練に送りだしてくれる。そんな母が、このところ仕事に行ってないようだったから気になっていました。家賃滞納して、裁判まで起こされていたんですね。一緒に生活しながら、僕は野球ばっかりでまったく気がつきませんでした。

ちょうど夏の大会が終わったところなので、僕、アルバイトします。大学も進学するつもりはありませんでした。高校卒業して働いて、母に楽をさせます。

出口のない暗闇のトンネルに光を差し入れてくれた息子の光喜さんは、野球部を引退するとすぐに、生活保護の申請や公営住宅の申し込みを率先して行ってくれました。就職活動をしながら、アルバイトにも励んでくれたおかげで、ようやく生活の見通しが見えてくると、みどりさんにも徐々に笑顔が戻ってきました。

事情を知った家主も理解を示し、裁判を取り下げ、親子を信じて見守ってくれることになりました。この家主の心遣いも、みどりさんの大きな励みとなったことでしょう。

その後、山中さん母子は運よく家賃の安い物件への転居も果たしました。そして滞納家賃は、社会人になった光喜さんから分割で全額完済されました。しばらく休んで長年の疲れを癒したみどりさんは、１年ほどで仕事にも復帰できたようです。これは私が経験した中でも極めて稀な、幸せな結末でした。

ただ、シングルマザーの家庭の家賃滞納問題が、賃借人のほうにとっても良い解決の方向に向かうことは、私が知る限り残念ながらそう多くはありません。ギリギリの生活が破綻したあと、そこから這い上がることは本当に難しく、解決の糸口さえ見つけられずに苦しみ続けるシングルマザーは、後をたたないのです。

【事例 13】

母親との確執を抱えるシングルマザー

私が携わってきた家賃を滞納しているシングルマザーの多くは、親との問題を抱えていました。特に母親との関係性が、影響を及ぼしているような印象を受けています。

親から認めてもらえていない、受け入れてもらえていないと感じている人ほど自己肯定感が低く、いわゆる「ダメンズ」を選んでしまいがちです。

正常な愛情を受けている場合、危険な男性を「自分が今まで受けてきた愛情と違う」と察知して離れることができます。しかし自分が否定され続けてきた女性は、そのような相手であっても「この人の良さを自分だけは知っている」と受け入れてしまうのです。自分が認めて欲しかった辛さを、相手を受け入れることで満たそうとするのでしょうか。そのために困ったパートナーを選んでしまい、その結果なかなか人生が好転せず、マイナススパイラルから抜け出せないことになります。

家賃5万2000円をすでに半年以上滞納している小泉まりさん（24歳）も、

そのひとりでした。

まりさんは、シングルマザー。24歳にして、子どもがすでに3人もいます。最初の子は定時制高校に通っているときに妊娠して、高校中退。18歳で産みました。その後20歳、21歳で出産しましたが、その3人の子の父親はすべて別人です。働いている様子はありますが、母子の手当等で凌いでいるとのこと。3人の父親からも、養育費はもらっていないようでした。

「実家？　やだ、絶対に戻れない！」

ずっと母親が嫌いでした。私が小学校1年のときに両親が離婚して、母親とふたりで生活していたけれど、とっかえひっかえ男が家に住みつくんです。お酒だけ飲んで働かないとか、暴れるとか。でもそんな男に、母親は優しいんですよ。

私は父親が好きでした。だから父親じゃない男が家にいるのが嫌で、いつも夕方まで公園で遊んでいました。とにかく家に帰るのが、すごく嫌だった。

大好きだったんです、父親が。離婚の理由は知らないけど、たぶん母親が浮気でもしたのかなあ。私は父親と生活したかったな。

とにかく早く家を出たくて。中学卒業したら家を出て、定時制高校に通って昼間は仕事をしました。仕事って言っても、飲食店でのウェイトレスですけど。小さなぼろぼろアパートだったけど、母親から離れられたのは嬉しかった。でも昼間働いて、夜学校に行くのって結構大変で。いつも出席日数が足りなくて、このままだとヤバいって思っていた頃に、バイト先で彼と出会ったんです。東北から出てきた大学生で、すごく大人に感じました。優しかったですね、勉強教えてくれたりもして。バイト終わって、私の狭い部屋によく来ていました。だって彼は大学の寮に住んでいたから。楽しかったな。私はますます学校には行かなくなってしまったけど、でも初めて幸せだなって思いました。

そうこうしているうちに妊娠したんです。私ももともと生理が不順だったので、気がついたときには結構赤ちゃんも大きくなっていて、もう簡単に堕ろせないよって。でも彼のことが好きだから、迷わず産むつもりでした。妊娠したと分かったときは、驚きより嬉しかった。だから彼も喜んでくれると、疑いもしてなかったんですよね。

でも妊娠したって言ったら、彼、黙っちゃって。しばらく考えてから「堕ろしてくれ」って言うんです。びっくりしちゃった。もう簡単には堕ろせないみたいって言ったら、「俺のこと騙していたのか」って言うんです。まさかそんなこと言うだなんて、考えもしませんでした。

結局彼はバイトを辞めて連絡がつかなくなって、私は長男を産みました。学校も退学したから、仕方なく実家に戻ったんです。そしたら母親にはぐちぐち言われるし、当時の男が、母乳あげているときに覗きにくるんです。気持ち悪いでしょう？　私の胸が見たいんでしょうね。若いし、母乳で大きくなっているから。ほんと母親の男は、いつも気持ち悪かった。

その後保育所が見つかったから、また家を出て長男とふたり暮らし。また小さな飲食店で働きました。そうしたらそこのお客さんで好きな人ができて、しばらく３人で生活しました。１年くらいかな、平穏な生活は。でもその人、あまり働かなくてね。でも私が一生懸命に働いたら、彼の収入と合わせて生活はできた。やっと落ち着いたかなって思っていたところに、また妊娠。そのときは悪阻がひどくて、あまり仕事に行けなくなったの。そうしたら彼は「俺が全部背負うのは嫌だ」って言って、家を出て行っちゃったの。彼とはそれっきり……。

堕ろすのにも、お金かかるでしょう？　だったら手当もらって育てようかなって。もう出産がどんなもんか分かっていたから、実家にも戻りませんでした。だって実家には母親と男がいるでしょう？　帰れないもん。

長女が生まれてしばらくしたら、新しい彼ができたの。すごく優しくて、かっこよくてね。子どもたちふたりとも、彼にとても懐いていて。一緒に住んで、それはとても楽しかった。よく4人で遊びに行ったけど、他人からみたら普通の家族に見えたと思う。私に子どもがふたりもいたけど、彼は「気にしない」って言ってくれたし、自分たちの子どもも欲しいって言ってくれて。

だから今度こそ、皆が家族になれたらいいなって思ったの。私、妊娠しやすいのね。彼が自分たちの子どもが欲しいって言って、すぐできて。悪阻落ち着いたら入籍しようって言ってたの。そしたらさ、ある日突然に「好きな女ができた」って家を出ていっちゃった。

今度こそ入籍できるって思っていたのにさ。でも赤ちゃんに罪はないからね。もう２人も３人も一緒かって思ったら、堕ろすっていう選択肢はなかったな。また母子の手当つくし。

だけど子どもが３人になると、誰かが風邪ひいたりするんだよね。保育所も37度になったら、迎えに来いってすぐ電話してくるし。いい条件の仕事になんて、就けやしない。所詮、中卒だもん。さすがに子どもが３人になると、生活も苦しくて。なのに仕事休みがちになるから、余計に苦しくて。気がついたら、家賃滞納になってたの。

次の転居にまたお金かかるでしょう？　実家？　絶対に戻れない。だって母親から怒られたんだもん。男と遊んでもいいけど、こんなに無計画に子どもをぽんぽん産んでって。もう二度と会いたくない。

とにかく役所に行って、相談してきます。

まりさんの生活はぎりぎりでしょう。仕事で10万円ほど。あとは母子手当で繋いでいるようなものです。子どもの服やおもちゃは安く譲ってもらっているようですが、それでも子どもは成長が早いのでお金がかかります。本当は実家に戻ればいいと思うのですが、まりさんが実家に戻るという選択肢は絶対になさそうでした。しかし滞納状況をみると、間違いなく明け渡しの判決は言い渡されます。この親子に何かしてあげられることはないのか……そう思っても良策はありませんでした。

まずは転居にかかる初期費用と引越し代金、これらのお金が必要です。しかもお金以外に、小さな子どもを抱えるシングルマザーは部屋を借りるのにも一苦労。やはり経済状態が安定しないため、家主側は身内の連帯保証人を求めます。しかし母親に頼めないまりさんにとっては、致命的な悪条件なのです。家主と個人的に知り合いとか、役所の力とか何かないと、すでに借りられない条件は揃っていました。

「結局、母親と私は同じなんだね」

訴訟を提起してから何度かまりさんに連絡してみましたが、次の転居先は見つかっていない様子でした。体調も悪いのか、電話の声も元気がありません。この状況では、とても裁判期日までに転居してもらうのは不可能だと思いました。

現段階で役所に母子のシェルターへの優先入居のお願いや補助の相談をしても、数多くの相談者の中に埋もれてしまいます。先に裁判で明け渡しの判決を出してもらい、強制執行を申し立て、その調書を持って行けば緊急性があるということで、優先対応してもらえる可能性が高まります。すこし力技かなとも思いましたが、転居先が見つからないならこの手法でいくしかありません。

裁判当日、まりさんは欠席。あっけなく判決が言い渡されました。最短で強制執行を申し立てて、その1回目（催告）の手続き。まりさんと会うのは2カ月ぶりでした。

あれっ……。

まりさんの様子が、前回と違います。どこが違うんだろう。よくよく見てみると、やはりお腹がふっくらしている。

「6カ月になりました」

すでに立派な妊婦さんでした。今回の父親は、まりさんをサポートしてくれるのでしょうか。聞いてみましたが、すでに別れたと言います。しかも養育費どころか認知すらしてもらえないような状況なのだと言うのです。

「どうしてすぐに別れちゃうような男の子どもを妊娠してしまうの?」

私はその言葉を呑み込むのに精一杯でした。けれども、まりさんの根底には、嫌でもそうなってしまう何かがあって、それがきっとまりさんを苦しめているのかもしれない、そういう思いが頭をよぎったとき、彼女がぽつりと呟いたのです。

「大嫌いな母親と、結局私は一緒なんだね」

子どもの頃から母親の男が、家に入り込んで母親と仲良くしているのを淋しい気持ちで見ていたまりさん。家に居場所がなくて、とにかく家から出たくて、でもきっと心の中は、淋しさでいっぱいだったのでしょう。その淋しさを埋めるように男性と仲良くなり、そして妊娠。でもその男性は、まりさんと生涯を共に歩いてくれるような人ではありませんでした。

生活苦から誰かを頼りたくなる気持ちはわからなくもありません。まだ大人にもなりきれない女性が、自分に優しくしてくれる男性にすがってしまうのは当然かもしれません。「嫌われたくない」と思う気持ちから、自分の思っていることを正直に伝えられず、気がついたら上手に弄ばれていたということかもしれません。

最終的にまりさんは役所の人が教えてくれた不動産会社の紹介で、強制執行の断行直前に転居することができ、子どもたちの目の前で、荷物が裁判所の手続きでどんどん運び出されるという最悪な状況は避けることができました。

まだ24歳というのに、これから4人の子どもを抱えることになるまりさん。安定した職があるわけではなく、実家にも頼れません。子育てに追われてしまう日々の中で、収入を上げる努力すら考える余裕もないでしょう。たったひとりで、4人の子どもを育てていく。それは並大抵のことではありません。そして彼女の満たされない「何か」が克服されない限り、今のスパイラルから抜け出すことは難しいかもしれません。「必要があればいつでも連絡してきてね」そう言い残して別れましたが、彼女が自分の人生を笑顔で歩んでいってくれることを祈るばかりです。

【事例 14】
果たされなかった元夫との約束

子どもがいる夫婦が離婚する場合、できるだけ子どもの環境を変えたくないと思うのは親心として当然だと思います。賃借人である父親が家を出て、母親と子どもが引き続きその家で暮らすことを選択する人は珍しくありません。その場合、家賃は養育費代わりに父親（賃借人）が払っていくという約束をすることも多いでしょう。

ところが、ある時から家賃が支払われなくなり、残された母親と子どもを混乱に陥れるケースを私は多数見てきました。養育費を払うという約束が果たされなくなるのと同じ現象です。

家主から明け渡しの相談を受けたとき、滞納はすでに10カ月に及び、金額は１００万円にまで膨れ上がっていました。今まで打開策を講じなかった理由を家主に尋ねると、賃借人である井上圭吾さん（48歳）にのらりくらりとはぐらかされていたため、なかなか訴訟手続きに踏み出せなかったということでした。高校生と中学生のお子さんがいることも把握していたため、子どもにお金がかかる時期だと思うと、厳しく督促することもできなかったのだそうです。

事件を受託して最新の住民票を取得してみると、圭吾さんはすでに別の地に転居。世帯主は祥子さん（45歳）に変更されています。離婚したのかもしれない。そのとき初めて知りました。同時に祥子さんが滞納の事実を知っているのかと不安になりました。家主の督促は、いつも圭吾さんの携帯への電話だったと聞いていたからです。現状を把握するためにも、祥子さんに会いに行ってみました。

祥子さんは仕事で不在だったので、手紙を投函しておいたらすぐに事務所に連絡がありました。

予感は的中。祥子さんは、滞納の事実をまったく知らなかったようです。

「私たち、もうここに住めないんですか？」

私まったく知りませんでした。すぐに元夫に連絡しましたが、携帯が繋がらなくなっていました。いま彼はどこにいるんでしょう。知っていたら教えてください。

これから手続きって、どうなるのですか？　私たちは、どうなるのですか？　どうすればいいのですか？　教えてください。もう何がなんだか……。

離婚することになって、高校生の長男と中学生の次男を私が引き取ることになったんですが、親が離婚するからって、子どもたちの生活を変えることは避けたかったんです。だから姓も変えずに、ずっと井上姓なんです。本当はもう相手の姓なんて名乗りたくなかったんですけどね。子どもたちは家も替わりたくないだろうと思ったから、養育費代わりに、この部屋の家賃を払ってもらうことにしました。私は専業主婦の経験しかないけど、とりあえず住むところさえあれば、生活費くらいならなんとかなるんじゃないかとも思ったものですから。それが払われていないなんて信じられない。書面？　そんなものありません。でも、子どもたちのためにきちんと支払うからって、ちゃんと約束したんですよ。

元夫の両親ですか？　すでにふたりとも亡くなってます。兄弟もいません、彼はひとりっ子です。

やだ、本当にどうしよう。とりあえず元夫と話さなくちゃ。私たち、もう、ここに住めないんですか？　どうなるんですか？

祥子さんの狼狽ぶりから察するに、本当に今まで滞納のことを知らなかったのは間違いなさそうです。住民票から追ってみると、圭吾さんは住所を神奈川から東京に移していました。その住所に書面を送っても、あて所不明で戻ってきます。現地に行ってみると、別の名前の表札が上がっていました。その部屋の住民の方は最近引越してきたようで、圭吾さんの住民登録が残ったままなので迷惑しているとのことでした。おそらく圭吾さんは、住民票を残したまま、どこかに転居していったのでしょう。こうなると圭吾さんの居所を探し当てることは、至難の業です。

居所も分からない、携帯も繋がらない、身内もいないとなれば、今後部屋の家賃が圭吾さんから支払われることはないでしょう。祥子さんに経済力があれば、滞納額をどうするかは別としても、このまま住み続けていただく選択肢もあったでしょう。しかしながら祥子さんの話からは、家賃の負担がないおかげで、かろうじて生活費を確保している様子が窺えました。そこに家賃の負担がのしかかれば、おそらく家計は早々に破綻するでしょう。お子さんのためにも住みなれた部屋を離れたくないという気持ちはわかりますが、やはり転居してもらうしかないのではと思われました。

祥子さんと会って話さなきゃ、そう思った瞬間、私は彼女の家に向かっていました。

今回の賃貸借契約は、契約者が圭吾さんのままです。裁判は圭吾さんといま部屋を使っている祥子さんが被告になります。これだけの滞納額があれば、間違いなく明け渡しの判決が言い渡され、それでも退去してもらえない場合には強制執行の手続きとなります。

つまり祥子さんたちは、遅かれ早かれ、この物件から追い出されてしまうことになるのです。執行の手続きで荷物等が部屋から運び出されるくらいなら、自分たちで退去した方が精神的にもお子さんのためにも良いはずです。

ところが祥子さんの収入は、月に手取りで12万円ほどでした。その中から家賃と生活費を払うとなると、そんな安い物件は民間では考えられません。公的な住宅に入居できなければ、生活そのものが成り立ちません。このままいくとあと1カ月ほどで、強制執行できるタイミングが来てしまいます。

「この先、どうやって生きていけばいいのですか？」

こんなことってありますか？　勝手に女つくって、別れたいって言ってきたんです。私は専業主婦で、家事をして子育てもしてきました。それなのにある日突然「離婚してくれ」ですよ。45歳を過ぎた私が、いきなり仕事なんてできると思いますか？　20年以上専業主婦をやってきてパソコンさえ使えないのに、親子3人で生活していけるだけの収入を得られるはずはないじゃないですか！

離婚するときって、皆さん、約束事をきちんと書面にされるのですか？　約束したことを書いてもらうのですか？　公正証書？　聞いたことはあります。離婚の条件を、公正証書にしておけばいいのですか？　そんなこと何も知りませんでした。判を押す前に、もっとちゃんと勉強しておけばよかった……。

公正証書にしておくって、約束の支払いが滞ったら差し押さえができるってことですよね。でも給与差し押さえって、どこに勤務しているか分からなかったらできませんよね。じゃあ、公正証書にしたところで、お金を支払ってもらえるとは限らないってことですよね。

これからの時代、女は絶対に仕事を持っていないとダメですね。私みたいに専業主婦をしていたら、いざ働きに出ようと思っても仕事が限られます。男性はいいですよね。離婚しても身軽になるだけで、何も変わらないんですから。

でも女性は一変しますよ。子どもがいたら、いきなり一家の大黒柱にならなきゃいけないけど、収入が低いんだから、今までの生活を維持するなんてとてもじゃないけどできません。

私は妻の役目を、ちゃんと果たしていましたよ。だけど浮気されたんです。じゃあ、どうすればよかったんですか。

それよりこの先、どうやって生きていけばいいのですか？　私の収入で、親子３人が暮らしていけると思いますか。長男は大学進学どころじゃないですね。住むところもなくなっていくのですから。

私の両親も亡くなっています。兄がいますが、兄だって生活があるし、兄嫁と私はあまり仲良くないし。とても援助してなんて言えません。引越し代金くらいなら泣きつけるかもしれないけど、それ以上は甘えられません。

離婚した人って、みんなどうやって生活しているんですか？　もう、私、どうすればいいのか、全然わかりません。

結局、祥子さんは、運よく公営住宅に転居することができました。それでも3万円弱の家賃は、払っていかねばなりません。今までのように生活費だけでは済まされず、親子3人の生活は激変しました。お子さんふたりが社会に出られるまでは、かなり厳しい生活かもしれません。

ある日突然に離婚を切り出されたとき、女はどうしたらいいのでしょう。

「家賃払ってくれることが、養育費だったのに……」

祥子さんの悲痛な言葉をよそに、母子を陥れた圭吾さんの行方は分からずじまいです。

第5章 夢を持てない若者たち

【事例 15】

すべてを背負うと決めた18歳

子どもは生まれてくる環境を、自分で選ぶことはできません。しかもその環境から抜け出すだけの選択肢も、非常に限られています。

若い人には自分の夢に向かってがんばってほしいと願いますが、でもそんな思いもとても無責任じゃないかと感じることも少なくありません。

家賃滞納の現場で出会うのは、夢に破れた大人だけではありません。本来ならまだまださまざまな夢を描ける年齢であるにもかかわらず、追い詰められた生活を強いられ、そこから抜け出せずに苦しんでいる子どもの姿を目の当たりにすることは珍しくないのです。山根亮くん（18歳）も、そのひとりでした。

亮くんの父親である山根幸三さん（60歳）が、家賃滞納をし始めました。かれこれ1年以上払っていません。その額は、ゆうに70万円を超えていました。家主は自宅の敷地の隣にある平屋を貸しているので、毎日のように幸三さんと顔を合わせてしまいます。しかも30年以上も住み続けてくれているので、心情的に督促もしづらい状況です。それでも意を決して請求すると「もうちょっと待ってくれ」と嘆願されてしまうため、それが大きなストレスになっているようでした。

幸三さんは、ここ数カ月仕事をしている様子がありません。年金を受給している年齢でもありません。以前は奥さんと息子である亮くんと３人家族だったのに、この1年ほど、幸三さんの姿しか見かけません。離婚して、母親と息子は出て行ったのかも、そんなことが懸念されました。

滞納が始まった時期がふたりを見かけなくなった時期と重なっているので、奥さんのパート代がなくなったために、家賃が支払えなくなったのかもしれません。家主の目からすると、幸三さんは３人家族のときと比べて元気がなく、覇気もありません。この調子だと、これから先に滞納状況が改善されることもないでしょう。これ以上滞納額を増やしたくないということで、明け渡しの訴訟手続きのご依頼をいただきました。

この賃貸借契約には、連帯保証人がついていました。幸三さんの奥さんの弟、つまり幸三さんの義理の弟にあたる田上守さんです。
ちょうど裁判所から、連帯保証人の守さんに訴状が届いたのでしょう。電話がかかってきました。最初から、声を荒らげて怒っています。

「なんで俺が払わなあかんのや。山根とは縁が切れてるんじゃ」

受話器を耳に当てていると、鼓膜が破れそうです。縁が切れているかは個人の問題で、法律的には連帯保証人として支払義務があると説明しても、まったく聞きいれてくれません。そして怒鳴り散らした挙句、山根家と話してまた連絡するわ、と電話は一方的に切られてしまいました。

1週間たっても幸三さんからも守さんからも連絡がなかったため、どうしたものかと思案していたところ、思いがけない人物から電話がかかってきたのです。

電話の主は亮くんでした。

父が迷惑かけて、すみません。いま手続きは、どうなっていますか？

父が倒れて手術したんです。僕と母は父と一緒に住んでいないので、役所から連絡がありました。道で倒れているのを見つけてくれた人がいて、病院に救急搬送されたそうです。

病状ですか？　脳出血で命は取り留めましたが、もう会話ができる状態ではありません。この先ずっと寝たきりだと思います。もっと早くに連絡したかったのですが、役所や病院の手続きもあって、遅くなってしまいました。

裁判の手続きって、どうなっていますか？　叔父さんから連絡を受けて、裁判のことを初めて知りました。


まだ頼りなげな子どもの声でした。どうして子どもから連絡があるんだろう。素朴な疑問をぶつけてみると、母親も病気がちなので自分が窓口になるということでした。

聞けば、亮くんの母親と連帯保証人の守さんも、姉弟でありながらこの数年絶縁状態だったようです。そんな山根家のことで、自分が裁判の被告になったことがよほど許せなかったのか、守さんは滞納額を払って訴訟を終わらせろ、と連日電話をかけてきては、山根さん母子を恫喝していたようです。母子の生活は困窮しており、滞納額の支払いなどできるはずもない状況の中、連日、罵声を浴びせられて、亮くんは心身ともに疲れ切っていました。荷物を撤去して明け渡してくれさえすれば、滞納額の支払い義務は残るものの、訴訟手続き自体は取り下げることができると伝えると、受話器の向こうの亮くんは少しホッとした様子でした。

ただ、明け渡すといっても、幸三さんが借りていた平屋の広さは40㎡ほど。しかも30年以上住んでいたとのことで、かなりの量の荷物が残されているはずです。片づけるのは大変だろうから専門の業者を紹介しようとしましたが、「お金がかかるから」と亮くんは自分でやると言います。ただ家の鍵がどこにあるのか分からないというので、現地で亮くんと会うことにしました。

初めて会う亮くんは、チノパンに白いシャツという格好で、声の印象よりはちょっと年上に見えました。私を見つけるなり深々と頭を下げていました。

その背後に見える幸三さんが住んでいた平屋は、建物と道路の1メートルほどの隙間にもゴミや布団、洋服が溢れ、それが雨水を吸い込んでいるせいか、異臭を放っています。

恐る恐る鍵を開けて室内に入ってみると、完全にゴミ屋敷状態。大量の物とスーパーで買った惣菜の食べ残しや容器が散乱していました。これを片づけるのにいったい何日かかるのだろうかと絶望的な気分になってしまった私の横で、亮くんは小さくため息をつきました。

「これじゃ、ゴミ屋敷ですね。親父はこんな中で生活してたんだ」

その声からは怒りの感情は感じられませんでした。むしろ、「知らなくてごめんね」そんな思いが込められているように私には感じられたのです。

「僕ひとりになれたら、どんなに楽だろう」

高校は定時制です。昼間は工事現場で働いているので、毎日学校に通うのは

結構大変で。出席日数はぎりぎりです。でも中卒だとこの先、仕事もないだろうし、とりあえず、必死になって食らいついているという感じです。

僕が物心ついたときから、両親は仲が良くなかった。ケンカの理由は、やっぱりお金でしょうね。親父もお酒をすごく飲むから。いつも家の中は、怒鳴り合いの渦なんですよ。狭い家なのにね。

そのうち母親がだんだん精神的にまいってきてしまって。だから去年、母親を連れて家を出たんです。母は今も心療内科に通っているので、仕事らしいことはしていません。生活費ですか？　それは僕が働いている分だけです。生活は、本当に苦しいです。明日のことなんて、考えられません。今日どう過ごすか、それだけです。

仕事をしていると言っても僕、正社員でもないんですよ。正社員になれたら、生活は少し楽になるはずだから、そのためにはなんとかして学校を卒業したいんですけど。でも仕事をがんばらないと生活は楽にならないし。母親が元気になって、ちょっとでも働いてくれると助かるんですが。でもまだ無理ですね。心の病気って、難しいです。寝たら治るってわけじゃないですからね。僕しか頼れないって、母が僕にしがみついて泣くんですよ。

正直、僕ひとりになれたら、どんなに楽だろうって思うんです。こんなこと思ったら、親不孝ですか？　でも結局、母親には自分しかいないから、がんばるしかなくて。今回の親父のことも想定外で。とにかく母親から目が離せなかったから、親父のことまで気が回らなくて。親父はとにかく怒鳴る、殴る。酒癖悪い人だから、僕もどうしても歩み寄れなくて。申し訳ないけど、親父のこと、考える暇がなかったんですよ。そうしたら役所からいきなり連絡があって。びっくりしました。

病院に行ったら、この書類にサインしてとか、これ出してとか、もう手続きが大変で。手術の経過とかこれからのこと聞かされても、頭が回らないですよ。怒りますか？　罰当たりますかね。でも正直「助かっちゃったんだ……」って、思っちゃったんですよ。救急車で運ばれるのがもう少し遅かったら死んでたって聞かされて、でもその方が良かったのにって思っちゃった。

僕一生、いい人生歩めないですよね、自分の親のこと、こんなふうに言っているから。

実はいま仕事が正念場なんです。ここでがっつりアピールできたら正社員になれるかもしれません。だから仕事は絶対に休めないです。学校の出席日数はヤバいけど、そっちを休んでやるしかないですね。大丈夫です、頑張ります。軽トラ借りて、粗大ごみをゴミセンターに持ち込んだら何とかなりますから。

親父、酒さえ飲まなければ、優しい父だったんですよ。だから僕、絶対に飲まないって決めてるんです。親父の血、受け継いでますから。親父が酒さえ飲まなければ、母親もあんなふうになることもなかっただろうし。仕方ないですね、こんなこと言っても。


亮くんと一緒にいて、なんども泣きそうになりました。もっと親を責めてもいいのに、たった18歳で全部を背負おうとしているのです。

亮くんも母親も、もうこの家に住んでいるわけではないので、法律的には現段階でこの賃貸契約において責任を問われることはありません。だから逃げるという道だってあるのです。

途方に暮れてしまいそうな量の荷物とゴミ。片づけるだけでも、いったいどれだけの時間がかかるでしょうか。しかも仕事と学校があるという、とてつもなく忙しい中で。そして家賃滞納分も、月々分割で支払うと言うのです。すべて連帯保証人である叔父さんに迷惑がかからないようにと。

家賃３万円の部屋に住み、心の病気になってしまった母親の面倒をみながら生活費もすべて負担している18歳が、です。その上、病院で横たわり意思の疎通もできなくなってしまった父も背負い、押しつぶされそうになりながら踏ん張っています。いつ心が折れてしまってもおかしくありません。

３週間後、ほとんどの荷物を撤去した部屋で、亮くんと再会しました。寝る間も惜しんで、作業したのでしょうか。その気力と行動力に、ただ頭が下がるだけでした。

少し痩せた亮くんの後ろに、うつむき加減の母親の姿がありました。ひとりで家で留守番すると、不安定になってしまうそうです。痩せた母親は、亮くんの後ろでずっと彼から離れません。

「何かあったら、なんでもいいから連絡してきてね」

私に唯一言えた言葉でした。

もっと自分のことだけ考えて生きたらいいよ、そう言ってあげたかったけど、心細そうにしている母親に優しく語りかけている亮くんには言えませんでした。

負の連鎖。

亮くんがこの置かれた状況から抜け出すことは、そう簡単ではありません。努力すれば必ず結果は出るというなら、彼は人並み以上の努力を積んでいるはずです。これ以上がんばれない、そう言っても許されるくらいがんばっているのです。だから「がんばってね」とは、絶対に言えませんでした。

若者ひとり残らずに「夢を持って」と言える社会。でもこの現実に直面すると、そう簡単なことではないように感じます。

【事例 16】父親をどうしても突き放せない青年

「事件番号○○○○、被告池田はじめさん、お入りください」

書記官が原告と被告を、席に着くよう促します。

「池田はじめさん、いらっしゃいませんか？」

書記官が何度か声を上げたとき、池田裕也さん（21歳）が傍聴席から立ち上がりました。

「あのう……父から、行けって言われてきたんですけど。池田はじめは、私の父親なんですけど……」

裁判官が驚いたように、尋ねました。

「はじめさんは？　今日来られてないの？　代わりに息子のあなたが来たってわけ？　何も聞かされてないの？　そりゃ大変だ。代理人の申請した？　してないよね……どうしよっか」

しばらく考えた後、「仕方ないから、とりあえず代理人として許可しますから、席に着いて」。

裁判官は、裕也さんを被告席に座らせました。

指定された期日に被告人がどうしても出頭できない場合、裁判所の許可を得ることで、家族や従業員（会社等が訴訟の当事者となっている場合）等の紛争内容に詳しい者が代理人として出頭することは認められています（民事訴訟法54条）。とはいえ、裁判当日、しかも、法廷でのこのような緊急措置は極めて珍しいケースでした。

「とりあえず別室で司法委員を交えて話し合ってもらえますか？」

簡易裁判所の民事事件では裁判官の補助の役目で、司法委員ができるだけ和解で合意できるようサポートしていきます。このときも裁判官にそう促されて、私たちは別室に移動しました。

本来の被告人である池田はじめさん（51歳）は、家賃滞納額が80万円を超えたところで家主から明け渡しの訴訟を起こされていました。ところが、裕也さんは詳しいことは何も聞かされずに裁判所にやってきたようで、初めて見せられる家賃の支払い状況に愕然としていました。

「親父には毎月お金を渡していました。どうしてこんなことになっちゃったんだろう……」

「まさか家賃を滞納しているだなんて」

両親は2年前に離婚しました。それ以来、僕が親父とふたりで暮らしています。5歳年上の兄がいるのですが、もともと親と折り合いも悪かったので家を出るタイミングでひとり暮らしをしています。お袋は生家に戻りました。

親父はほんといい加減なんです。今までもずっとこんな感じで。だからお袋も愛想つかしたんだと今ならはっきり分かりますね。

お金の管理も自分がしたかったけど、一緒に暮らし始めた頃は僕も10代だったから、親父に任せるしかなかったんです。兄貴はきっと分かっていて、逃げたんだろうな。

渡していたお金、どこに使われたんでしょうね。家でご飯なんてそう食べないし、それほど生活費がかかるわけじゃないと思うんですよね。博打かなあ。あまり親父と接点がないから、分かりませんね。

親父も内装業の仕事をしているはずですよ。でももしかしたら、いい加減だし、お袋がいなくなったからちゃんとできてないのかな。親父の仕事の段取り、全部お袋がしていたんですよ。それが離婚しちゃったから。だから仕事もうまくいってないのかも。そうでなきゃ、滞納なんてしませんよね。僕も家電量販店に勤め出して自分のことで精いっぱいだから、親父のことなんて気にしていなかったし。ただ毎月生活費として10万円渡して、あとはたまに家で顔合わすくらいで。ひとり暮らしと同じような感覚でした。

滞納額を一括で払わない限り、このまま住み続けることはできないんですよね？　だったら、出て行くしかないです。僕もいっぱいいっぱいでこんな滞納額、とても一括で支払えないので……。

そっか、出ていっても滞納分は払わなくちゃいけないんですよね。それは僕が払います。でも、月々の金額は少なくてもいいですか？　親父の仕事がうま

くいってないとしたら、これからは僕のお金で生活していかなきゃいけないいと思うから。ボーナスで多めに払いますから、それでなんとかなりますか？

結局、裕也さん親子は部屋を退去し、滞納分は分割で月々1万円、ボーナス月は5万円支払うという和解で裁判は終わりました。

裕也さんは、成人してまだ1年ちょっと。それでも真っ当な金銭感覚を身に付け、受け答えもしっかりしています。こんな息子がいたら、親として自慢したくなるはずです。今回の件も、裕也さんの存在がなければ、解決の糸口さえつかめなかったかもしれません。

だから私は少し心配になったのです。裕也さんは、もう自分のことだけ考えてもいいのではと。真面目に仕事をしているので、ひとり暮らしをすれば十分に人生を楽しむ余裕ができるでしょう。これを機会に、お父さんと別に暮らしてみれば、そう提案してみました。

「そんなことしたら……親父死んでしまいます」

実は裕也さんは、家賃を払うための10万円だけでなく、細々とした生活費も負担してきたのだそうです。だから、自分がいなくなってしまえば、はじめさんは生活できなくなってしまうと裕也さんは考えているのです。

「お友だちと旅行に行ったりしないの？」

私が思わず口にしたそんな問いかけにも、とんでもないと裕也さんは首を振るだけです。同世代の若者たちはたくさん遊んで恋もして、きっと楽しい時間を過ごしているはずなのに、裕也さんはいったい何を楽しみに生きているのでしょう。

「楽しみですか……。考えたこともなかったです。こんな状態じゃ、彼女を作るのも無理だと思うし。お金ないんじゃ、デートもできないじゃないですか」

明け渡しの日、やはりはじめさんはいませんでした。きれいに掃除された部屋で、裕也さんからの鍵の受け渡し。これほどまでに磨き上げて明け渡してくれる賃借人は、最近でも珍しいほどです。きっと彼ひとりで、一生懸命に片づけて掃除したのでしょう。それでも彼は「これで大丈夫でしょうか？」と、本当に健気です。

今回のことを、お父さんと話し合ったかと尋ねてみました。

「逃げちゃうので話せませんでした」

生活費を渡していたのに、どうして滞納になっていたのか。裁判所に自分が行かず、どうして息子に行かせたのか。仕事はきちんとしているのか。確かめたいことはたくさんあるのに、何も聞けなかったというのです。聞こうとすると、話をはぐらかされてそれでおしまい。きっと優しい息子に、甘えているのでしょう。

「自分の人生を中心に考えていいんだよ」

もういちど言ってみましたが、裕也さんは仕方なさそうに頷くだけでした。親を突き放せない息子。若者らしくもっと自由に生きていいはずなのに、まるで父親の面倒をみるために日々暮らしているようです。もっと愚痴や不満を口にしてもいいのに、我慢しているのでしょうか。それとも諦めているのでしょうか。

その後、裕也さんは滞納額全額を5年かけて支払い終えました。仕事を完全に引退したお父さんと、まだ一緒に暮らしているということでした。

【事例 17】

両親がいるのに児童養護施設へ

都内では珍しく雪が降った翌日に、家賃を滞納している内藤強さん（40歳）と話をしました。強さんは、上下黒のジャージ。伸び放題で肩まである髪の毛は、自分でブリーチしたのかくすんだ金色をしています。

滞納額は、すでに70万円弱。10カ月ほど家賃を払っていません。

「就職先を探してるんだけどさ、この歳だと難しいみたいで、面接すらしてもらえないんだから仕方ないじゃん」

その髪型が理由じゃないのと言いたいところをぐっと堪え、これからどうするつもりかと聞いてみました。

「仕事ないとさ、払いたくても払えないから仕方ないじゃん」

強さんには、フィリピン人の奥さんとその間に中学生の息子がいます。ただどうやら、夫婦仲はうまくいっていないようでした。

「アイツは隣町のフィリピンパブで働いてるよ。忙しいと言って、家にもほとんど戻ってこない。だから息子の世話は、俺がしてるんだ。食べさせてやらねえとさ。生活費？　嫁さんが送ってくる分だけ。金額？　５、６万だよ。食費程度。だから家賃までは払えねえんだよ。この先どうすっかなぁ」

何を言っても、深刻になっているところはありません。

このまま明け渡しの訴訟手続きが進むと、最終的には強制執行の手続きで退去させられてしまうことを説明しました。大切な息子さんのためにも任意に転居するか、滞納額を払って住み続けるかをお願いしましたが、強さんはお金がないのでどちらもできないと言います。

「だって仕方ないじゃん」

まだ40歳。仕事を選ばなければ何でもできると思うのですが、強さんからは「仕方がない」の言葉しか出てきませんでした。

結局その後も、強さんからは何の連絡もなかったので、訴訟手続きを粛々と進めるしか手立てはありませんでした。そして、裁判の日がやってきたのです。

強さんは、前回と同じく黒のジャージ姿。髪の毛はさらに伸びていました。くすんだ金髪は根元に黒と白が入り交じり、何とも奇妙な色になっていました。裁判官から滞納の事実を尋ねられると、強さんはあっさり認め、「金ないから強制執行でもなんでもしてよ。払えないものは仕方ないんだから」と声を荒らげます。

「では終結します。判決言い渡しは……」

明け渡しの判決が言い渡され、裁判はあっさりと終わってしまいました。

法廷を出て、廊下で強さんにこれからのことを説明しました。

強制執行になった場合のスケジュールと、強さんが任意に転居先を早く見つけられたら、そのときにどうするかなどです。

強さんは聞いていないのか、反応もほとんどありません。

「息子さんのために強制執行にならないように、転居先を見つけてくださいね」

そうお願いしても、苦笑いして裁判所に背を向けて行ってしまいました。


「だって仕方ないじゃん」

世の中が悪いんだよ。俺だってまともに生きていこうと思ってたけど、中卒なんて誰も雇ってくれねえ。高校行きたかったけど、頭悪いしさ。馬鹿な俺に高校行かせてくれるほど、親だって金ねえし。

だからとりあえず美容師の見習いになったんだけどさ、給料安いしこき使われんだよ。住み込みなんて、店主からしたらいい家政婦程度よ。寝る時間以外、掃除とタオルの洗濯に追われるだけ。技術だって盗んで学べとか言いやがって、結局、何も教えてくんねえ。それが奴らなんだな。

夜に美容学校に行って資格とって、なんとか一通りのことはできるようになったんだけどさ。それでも相変わらず給料安くってさ。我慢できずに辞めたいって言っても、辞めさせてもくれねえ。安い給料じゃぁ、独立開業するお金も貯められねえよ。貧乏生活してる親にも仕送りしたいのによ。

結局、貧乏人はどこまでいっても貧乏から抜け出せないようにできてんだよ。

やっと金を貸してくれるとこが見つかって、なかばケンカみたいに美容院辞めてさ。なんとか自分の城を持ったんだよ。25歳の時だよ。カッコいいだろ？

ちょうどその頃、嫁と出会ったんだ。今から考えると、アイツは誰でもよかったんだよ。ビザを手に入れて日本で稼ぐために、日本人と結婚したかっただけなんだよ。ああ、きっとそうさ。

でも息子が生まれたときは、嬉しかったなあ。自分もやっと一人前になったと思ったよ。アイツが子育てしなくても、平気だったね。俺が面倒みればいいんだから。息子だけは、ちゃんと育てようと思ったよ。できるだけ食べるものも手作りしてさ。

アイツは子どもを産んでから、すぐに隣町のフィリピンパブに働きに行って、そこで寝泊まりさ。自分の息子にも、ほとんど会いに戻っては来なかったよ。もともと結婚なんて、したくなかったのさ。ビザだよ、ビザを手に入れたかったからだよ。

まぁ、男が美容院の経営と子育てって、無理があるんだろうな。経営もうまくいかねえし、たった5年ほどで廃業よ。借金だけ残ったわ。まだ息子も3歳くらいだからさ。フルタイムで働くって、いろいろ大変じゃん。美容院にフリーで働かせてもらったりしたけど、雇う方も雇いにくいんだよな。そっから店を転々としたわ。いくつ渡ったかなあ。もう数えられねえよ。

そのうちどんどん仕事が減って、息子も小学校高学年になったから、ちゃんとフルタイムで勤めようと思ったら、今度は年齢で難しいってさ。そらそうだわな……。若い美容師なんかいっぱいいるし、飛び抜けた技術があるわけでもねえ30代後半の奴を誰が好き好んで雇うんだって話だよ。

息子を盾に嫁に泣きついたら、フィリピンパブで稼いだお金を送ってくれるようになったから、それが今の生活費。最初のうちは僅かな貯金から家賃払ってたけど、すぐに底をついてさ。アイツにもう少し金出してくれって一度だけ頼んだけど、国にも送金したいからって拒否られてさ。国にもってさ、こっちは自分の息子の金だぜ？　けど働かない俺のことを責めやがる。日本人はもっと真面目だと思ってたってさ。ほんと馬鹿にしてるよな。

国の家族が大切って言うけど、自分の息子は放ったらかしなんだよ。

もういろんなことに疲れてさ。どうせ何通履歴書送っても、俺なんか雇ってくれるところなんてねえよ。もう何年もハサミ触ってねえし。美容業界以外でも何でもいいけど、中卒なんだから仕事なんてねえよ。もう疲れたんだよ。

アイツと別れて生活保護を受給する？　それもアリだな。けどもう俺も疲れたんだよ。息子を育てることもさ。もうひとりで生きたいんだよ。アイツも面倒みたくないって言うしさ。息子は児童養護施設にお願いするよ。きっとそこの方が、息子も幸せだよ。

もういいんだよ。仕方ねえんだよ。疲れたんだよ。


強制執行の日も、まだ春の寒い朝でした。執行官がベルを鳴らすと、さらに長髪になった強さんが出てきました。この数カ月、髪を切ってもいないのでしょう。部屋の中も、当初のまま。引越し先も見つけられず、全部置いて行くと言います。

部屋の片隅では、制服を着た中学一年生の息子さんが必要な物を大きなカバンに詰めていました。ドアの外には児童養護施設の職員の人が待っています。

息子さんは、ただ黙々と自分の荷造りをしています。その表情は落ち着いていて、自分の人生をすべて受け入れるかのようでした。年齢よりも少しお兄ちゃんに見えたのは、こざっぱりと整えられた髪型のせいかもしれません。その髪はお父さんが切ってくれたのでしょうか。

「中学一年なのにね、本当に文句ひとつ言わないんですよ。お母さんと一緒に住まない？って聞いても、お父さんだったらいいけど、もう無理みたいだから僕は施設にいきますって。とにかくおとなしい子ですよ。何も喋らないの。でもお父さんのことは、大好きなのね。お父さんのことを話すときは、とても嬉しそうだもの。それは分かります」

児童養護施設職員の方は息子さんの方に視線を送りながら、隣にいた私にそんな話をしてくれました。

「両親が揃っているのに、児童養護施設に行くのですね」

そんな言葉を口にした私に、その職員の方はため息をつきながら頷きました。

全てを仕方ないとする強さん。一見とてもいい加減に思えますが、息子さんをここまで一生懸命に育ててきたのでしょう。それでも人生は好転していかない。そのジレンマから、疲れてしまったのかもしれません。その強さんを間近でずっと見ていた息子さんだからこそ、父親を責めることもなく全てを受け入れているのでしょうか。まだ我儘を言っても許される年なのに、健気なほど従順です。

強制執行で荷物がすべて運びだされる直前、強さんと息子さんが部屋から出てきました。息子さんは施設の職員のところに導かれます。

「幸せにやれよ」

息子さんに声をかけながら、強さんは小さなリュックサックだけで部屋を後にします。いつもと同じ、黒のジャージ姿。その後ろ姿を、息子さんはいつまでも黙って見つめていました。

【事例 18】
貧しい親の子は貧しいまま？

一昔前に比べると、国立大学も私立大学も、授業料は大幅に値上がりしました。自分の力だけで進学することは、もはや不可能な額となっています。加えて親世代の所得も激減しています。なんの苦労もなく大学に通える学生はほんの一握り。特に地方から上京している場合、仕送りだけで学生生活を送れる人は、稀有な存在でしょう。足りない分をアルバイトして何とか凌いでいる、それが実情ではないでしょうか。

20歳の池本翔馬さんは、ここ数カ月、家賃の支払いが滞りがちになりました。

電話をしても、いつも留守番電話。手紙を送っても、反応はありません。家賃は3万8000円。支払いが遅れたり、一部だったりして、すでに10万円ほどの滞納となっています。

東京の大学に通う翔馬さんは、東北出身。新聞配達の奨学金制度を利用していたため、上京した当初は寮生活を送っていたようですが、新聞配達の仕事を辞めてしまったので、件の部屋に引越してきたのです。住み始めてから5カ月ほどです。寮を出たことで解放感に浸り、少し遊びすぎてしまったのかな、最初はそう思っていました。

将来のある若い子に対して訴訟をすることはためらわれたので、現地に行ってみました。住んでいる様子は洗濯物からうかがえたものの、ベルを鳴らしても反応はありません。仕方がないので準備していた手紙をドアに挟み込みました。

それから数日経った頃でしょうか。翔馬くんから、初めて電話がかかってきたのです。

「すみません、俺どうなるのでしょうか」

どうして滞納になっちゃったの？　という問いに、ぽつりぽつりと語ってくれました。


「家賃だけは絶対滞納しないって決めてたのに」

実は友達から借りたバイクで事故っちゃって。地元からわざわざ東京まで遊びにきてくれたんですよ、久しぶりだったし来てくれたことが嬉しくて弾けちゃって。調子に乗っていたんだと思います。

バイクを貸してくれた友達に申し訳ないから、すぐに修理代を払わなきゃって思ったんですけど、貯金なんてないから、家賃を払うはずのお金でバイクの修理代3万円を払っちゃったんです。それで家賃が払えなくなりました。すみません。家賃だけは絶対滞納しないって決めてたのに。

俺が小さい頃、両親がしょっちゅう家賃を滞納していたんです。隣に住む大家さんのところに「今月の家賃をちょっと待って欲しい」とお願いしに行くときは、母は必ず僕を連れて行きました。そうすれば、家主さんが怒らないからって。子ども心に僕はそれがものすごく恥ずかしくて。だから、自分は滞納なんて絶対にするものかって思っていました。それなのに……すみません。

　両親は中卒なんです。だから学歴ですごくコンプレックスがあって。どうしても俺を大学に進学させたかったみたい。でもうち金ないし、すごく頭いいわけじゃないし、こんな三流大学卒業してどうなるんかなとも思います。けど入試で合格しちゃったから、通ってみてもいいかなって。

　でも親がお金ないから新聞配達の奨学金を利用することにしたんです。寮があるし、奨学金も返さなくていいし。でも始まってみたら、聞いていたことと違うことばかりで。自由な時間なんてまったくないし、夜中の2時半頃に起きて準備して配達して、仮眠とって学校行って。でも午後の授業は夕刊の配達があるから出られなくて。急いでもどって準備して、また配達して翌日の準備して。睡眠時間は4時間くらいしかなくて。休みだってまったくなかったんです。

　学校で眠たくて、勉強どころじゃなくて。何のためにこんなことしてるんだろうって。こんな生活していたら、友達なんてできないっすよ。マジで新聞配達でやっていくのは、キツいんですよ。

夜中に起きた瞬間、まず窓の外を見るんです。雨が降ってないかって。雨降ったら最悪なんですよ。分かります？　カッパ着て、新聞濡らさないようにしなきゃいけないし。未だに習慣で、天気は気になってしまいます。

１年くらいはなんとか続けたけど、もう限界でした。これ以上やったら、心を病んじゃうと思って辞めたんです。新聞配達の奨学金で大学を卒業する人、ほんと心から尊敬します。俺には無理でした。

新聞配達を辞めるとなると寮も出なくちゃならないから、部屋を探し始めたんですけど、とにかく安いところならどこでもいいやって。風呂なし共同便所の物件なんて今時珍しいけど、背に腹は代えられないし。４畳そこその部屋だけど、荷物なんて布団と数枚の服と、大学で必要な本くらいだからこれで十分でした。

アルバイトですか？　もちろんやってます。カラオケ店なんですけど、まかないもでるし、シャワールームも使えるし、なんとか貸与型の奨学金とバイト代でやっていけるはずだったんですよ。

バイト中にカラオケで歌っている大学生を見たら、羨ましいです。俺、小さいときから、ずっと「金ない、金ない」っていう親の言葉聞いて育って、金使って遊ぶなんて経験ないんですよ。塾に通うなんて、とんでもない。そんなこと考えたこともなかった。でも同級生たちが塾の先生の悪口言っていて、それ聞いて「行けるだけマシじゃないか」って腹立ってましたね。修学旅行とかのお金だって、高校のときのバイト代から俺が自分で払ったし。

親はサボってるわけじゃなくて、ちゃんと働いているけどいつも家には金がなくて。中卒って、やっぱ給料安いんですかね。だからとにかく大学行けって、そればっかりで。

でも今の自分を見ていたら、大学卒業しても何も変わんないんじゃないかって思うんです。とにかくバイトしないと学校通えないし、バイトしたら勉強する時間が足りないから成績も良くないし、だから就職だってそんないい会社に行けるとは思えないし。キツい営業の会社くらいしか、雇ってくれないんじゃないですかね。しかもその中から奨学金も返さないといけないし。生活していけないいんじゃないかって。

そこまでして大学って、卒業しなきゃならないんですかね。誰か教えて欲しいです。滞納分の全額なんて払えないし、俺、どうなるんですかね、どうしたらいいんですかね。

新聞配達の奨学金で学校に通っていれば、学費や寮費の負担もなく、贅沢しなければ多少のお小遣いも手に残る〝安定した〟生活は続けられたはずです。けれどもその実情は、想像以上に過酷でした。営業店によって違うのでしょうが、翔馬さんの休みは新聞の休刊日だけでした。逃げ出したくなったとしても、誰が責められるでしょうか。

新聞配達の奨学金で大学を卒業する人はもちろんいるでしょう。それでも各新聞社が途中で挫折した人たちの割合を公表していないのは、それだけ挫折する学生がいるということを物語っているのかもしれません。

しかし、その環境から飛び出してしまうと、別の過酷さが待ち受けることになります。そもそも新聞配達の奨学金を利用する人というのは、親御さんに十分な財力がない場合が大半なので、大学までをも退学しないかぎり、学費や生活費を自分で工面しなければならなくなるのです。翔馬さんもアルバイトをしながらなんとか凌いでいましたが、ギリギリの生活はたった1回のアクシデントから破綻してしまったのです。

努力が正当に報われる社会はどこに……？

翔馬さんにとって滞納金額である10万円は大金です。もともと学業が本分である学生の場合は10万円以上滞納すると、自力では払いきれないケースがほとんどなのですが、翔馬さんの場合は親御さんの援助は期待できなかったため、結局、部屋を明け渡してもらうことになりました。消費者金融でお金を借りるという選択肢もあったのでしょうが、「それしちゃうと転落人生まっしぐらな気がするから」と、部屋を出ることを選んだのです。もともと荷物らしき物はほとんどなかったので、しばらくは友達の部屋に居候したり、公園で寝たり、ネットカフェで過ごすことにしたと話していました。

「自分でどうしても進学したかったわけじゃないんです。ここまでしても卒業に拘った方がいいのか、自分でも分かりません。でも少なくとも奨学金は返済していかなきゃいけないし、卒業までがんばった方がいいんですかね。子どもの頃からずっと金がないと言われ続け、そしていま自分も金がない。貧乏人から抜け出せる人っているんですかね。俺の手を引いて大家さんのところに家賃待って、って言いに行っていた母は、どんな気持ちだったのかな」

最後にそう言いながら、翔馬さんは荷物を抱えて歩いて行きました。その後ろ姿は、本当に切なく弱々しいものでした。

国中が貧しくても、皆が一方を向いて、がんばりさえすればなんとかなる！と夢いっぱいだった時代は過ぎ去り、今や若者というだけで、豊かな未来と可能性が信じられるような環境ではありません。親の経済的格差が子どもの世代まで受け継がれ、一見豊かそうに見えたとしても、厳しい環境に置かれている若者はたくさんいます。雇用の安定しない中、社会に出た瞬間から奨学金という借金の返済に追われる若者も、決して珍しくないのです。恵まれた環境にいられる若者のほうが、むしろ少数派ではないでしょうか。

がんばりさえすれば、仕事を選びさえしなければ、贅沢さえ求めなければ、と昭和の古き良き時代を味わった人たちは言うでしょう。ブラックバイトやブラック企業の問題も深刻です。決して同じ尺度では測れないことを、大人たちはきちんと知らなければなりません。

これからの日本を背負う若者が、希望に満ちていなければ、日本の将来は明るくはなりません。今のままでは、前に進もうとする足もいつしか止まってしまいます。

今、何より必要なのは、「がんばった努力が正当に報われる社会」ではないでしょうか。家賃滞納の現場でもがき苦しむ若者を目にする度に、私はそう感じるのです。

第6章

家賃滞納で露呈する法律の不条理

強制執行が断行されないケースとは……？

先日、東京都港区の賃借人93歳、妻89歳の夫婦の滞納案件を受託しました。ワンルームの部屋に夫婦ふたり暮らしで、7万円の家賃を払ったり払えなかったり。通算10年近くもたもたし、滞納額はなんと500万円を超えていました。

なぜこんなに滞納額が増えるまで、家主は法的手続きをとらなかったのか不思議に感じますが、「払いますから待って」「いま新しい事業でそれが成功したら一括で払えます」と言われてしまうと、そこからの一歩が出なかったということでした。

しかもこの賃借人のおじいちゃん、電話の声は年を感じさせないほどの若々しさと頭の回転の速さで、家主はてっきり70代くらいと勘違いしていたとのことでした。ところが案件を受託して最新の住民票を取得して、初めて賃借人が90歳を超えているという事実を知りました。ひとり娘はすでに他界。たったひとりの孫娘は、現在アメリカ在住。身近にいる親族も他界されたり認知症を患われていたりしているようで、とても協力を得られる状態ではありませんでした。

問題は、このような高齢の滞納者の場合、強制執行での明け渡しができるかどうかということです。

前述のとおり、裁判で明け渡せと言い渡されたにもかかわらず入居者が任意に退去しなかった場合、強制執行が申し立てられ、執行手続きの中で入居者は退去を余儀なくされ、荷物も撤去されることになります。ここで初めて家主は、部屋を取り戻して、次の入居者に部屋を貸すことができるのです。一方、追い出された入居者は、転居先がなければ役所のシェルター的な所に一時入所するかネットカフェ、はたまた極端な話、お金がなければ野宿するしかありません。かわいそうではありますが、自己責任で宿を探すしかないのです。

ところが高齢者ともなると、放り出された後、自力で生きていけるのか疑問です。そこで執行官は、病気の人や高齢者に対しては「執行不能」と判断することがあります。これは強制執行の申し立てを受けたが、断行はできない＝追い出すことはできない、という意味です。こうなると家主側は裁判で明け渡しの判決をもらったが、それでも出て行ってもらえないので強制執行を申し立てた。でも執行不能で終わったので明け渡しができなかったために、次の人に部屋を貸すことはできない、という最悪の事態になるということです。

では執行できない高齢者とは何歳以上を指すのでしょう。これははっきり決まっているわけではなく、各執行官の裁量です。執行官が催告で賃借人に会い、病気の有無や状態をみて「この人は外に放り出せない」そう判断したときは、執行不能となります。


93歳の賃借人には、明け渡しの判決が言い渡されました。しかし強制執行を申し立てたところで、執行不能になる可能性は高いと思われます。それでも家主の次の人に部屋を貸したいという思いは、なんとか実現しなければなりません。本来の司法書士業務とはかけ離れますが、私は役所の福祉課と連携して、この夫婦の受け入れ先を探していくことにしました。

この先、民間の賃貸物件で、身内の援助もなくこの高齢者夫婦が生活していくのはまず不可能でしょう。そのため狙うのは、夫婦で入れる高齢者施設です。エリアに条件は付けられません。とにかく全国の、介護保険料と僅かな年金で支払える施設に片っ端からアタックするしかありませんでした。

そうして２００件以上当たってみたでしょうか。引き受けてくれる老人ホームが奇跡的に、そう本当に奇跡的に見つかったため、そこに転居してもらいホッと胸をなでおろしました。

しかしながらその反面、滞納額の回収は叶いませんでした。しかも、老人ホームへは身の回りの物しか持って入れないので、荷物も部屋にごっそり残されたまま。家主は25万円という高額の費用をかけて、撤去せざるを得ませんでした。

それでも、転居先が見つからなかった場合は、退去させることもできず、ただ滞納額が毎月加算されていくことになるところでしたので、最悪の状況は免れたと言えるでしょうが、それでも家主が被った損害は相当なものです。回収できない滞納分、訴訟手続き費用、荷物の撤去費用を合計すれば、６００万円以上かかっています。この家主が「もう高齢者には部屋は貸したくない」と言っても、誰も責めることはできないと思います。

民法が阻む高齢者の部屋探し

転居先が「奇跡的に見つかった」と前述しましたが、高齢者の転居先探しというのはそれほど困難を極めます。これは高齢者が滞納していようがしていまいが、世帯主が70歳以上ともなると、賃貸物件を借りようと50件問い合わせても、了解してくれる家主は1件あるかないかのレベルです。ましてやその高齢者が現在の部屋を家賃滞納で追い出されたともなれば、さらに貸してもらえる物件は宝くじレベルになってしまいます。

その大きな原因になっているのは、明治時代にできた民法でしょう。時代の流れの中で改正されていないため、未だ賃借権も重要な財産とされています。財産である以上、例えば賃借人に万が一のことがあった時には、賃貸借契約も相続財産の一つとなります。賃借人が亡くなれば自動的に賃貸借契約が消滅するのではなく、賃借権は相続人に引き継がれるのです。

物件の件数がとても少なく、単身者向けの賃貸物件が少なかった頃には「賃借権の相続」は必須でした。そうでなければ賃借人である家長が亡くなった瞬間、同居していた相続人の住む家が奪われてしまうからです。

一方、現代社会では核家族化が進み、単身世帯が増えました。さらには所有権でさえ放棄する人が増えて、空き家問題が社会問題となっているような中、賃借権の相続を希望する相続人など稀でしょう。そもそも賃貸物件は余っているのですから、賃貸権に価値があるとも思えません。それでも法は、家主が相続人全員と賃貸借契約を解除する手続きを踏まない限り、次の賃借人に部屋を貸すことを許しません。

孤独な高齢者が増えている中で、家主が亡くなった賃借人の相続人を探し出すことは至難の業です。個人情報保護法を盾に、安易に連絡先を教えてもらうこともできません。

そうなると家主は高い費用を払って、しかるべき法律家に頼ることになるでしょう。

そもそも論ですが、高齢者に限らず賃借人が亡くなった場合、相続人が「お世話になりました」と部屋を片づけ、家主に鍵を返してくれれば、このような問題は生じません。つまり人が亡くなったとしても、相続人が知らぬ顔できる希薄な関係性だからこそ問題となるのです。そのため仮にプロの力を借りたとしても、相続人が見つかるとは限りません。

今のご時世、住民票を残したまま別の場所に移住している人も少なくないからです。また苦労して相続人を探し出せたとしても、その人が相続放棄の手続きを選択すれば、家主はさらに次の相続人を探していかねばなりません。結局、相続人を探し当てていかない限り、賃貸借契約の解除はできないのです。

しかも、賃借権だけでなく、被相続人の持ち物も相続の対象となりますから、家主側は部屋の中にある「他人の荷物」を勝手に処分することも許されていません。しかしながら部屋に何一つ物を残さずに亡くなるということは、現実的には不可能です。荷物を撤去してくれないような相続人は、自分たちが経済的損失を受けることを絶対に避けます。そのため家主側は見つけ出した相続人から、残置物に対する所有権を放棄したという書面をとりつけ、ようやく「他人の荷物」でなくなった物を自分たちで処分することができるようになるのです。結果、荷物の撤去費用等は家主が負担せざるを得ないでしょう。

高齢者に限らず、人はいつかは必ず亡くなります。しかし単身者の賃借人でこの問題が生じやすいのは、圧倒的に高齢者です。そのために家主は、高齢者に部屋を貸すことを躊躇してしまうのです。ゆえに家賃を滞納している高齢者は、次に貸してもらえる転居先が見つからないために、退去したくてもできないということが少なくありません。

ただ家賃を滞納している以上、執行官が強制執行を「できる」と判断した場合には、次の転居先が見つかっていないとしても部屋から出されてしまいます。強制執行の作業が始まった頃、本当に身の回りの物だけを持って部屋から出て行かれる高齢者の姿を、私は自分の無力感に苛まれながら、これまで嫌というほど見てきました。転居先がない高齢者は、いったいどこで暮らしていけるのでしょうか。

今後、日本は超高齢化社会に突入します。その中で確実な身元引受人がいない限り、高齢者の部屋探しは困難を極めるでしょう。つまりこれは、家賃滞納のリスクがあろうがなかろうが、持ち家を持たない誰もがいつか直面する問題です。

古い法律に縛られたままのリスクを、できれば背負いたくない民間の家主。しかし貸さなければ賃料を得られずに、経営は悪化するでしょう。この先の賃貸経営は、借りてくれる若い健全な人の取り合いになるのでしょうか。同時に部屋を借りられない高齢者は、どこをさまようのでしょうか。高齢になる前に部屋を借りて安心していても、建物の老朽化で取り壊すときには退去を迫られます。そのときに貸してくれる部屋はあるのでしょうか。

国民を守るための法律が、あまりに時代遅れなために多くの国民が苦しめられてしまう。このことになぜ国は気がついていないのでしょうか。

子どもの貧困問題は誰にとっても他人事ではない

日本の子どもの7人に1人が相対的貧困と言われていますが、一般の方々には、にわかには信じられないでしょう。しかし滞納の現場に身を置いていると、事態はもっと深刻なのではないかという実感があります。

家賃を滞納している子どもを持つ世帯は、ほぼ貧困家庭です。部屋を訪れると、お腹を空かせた子どもだけが留守番しているということがあります。特に就学前の子どもが多く、外の社会と繋がっていないのかコミュニケーションもままなりません。「ママはいる？」と聞くと、首を横に振るだけ。「ご飯食べた？」の問いにも、首を横に振るだけ。見かねてコンビニでおにぎりを買って戻ると、喉に詰まらせる勢いで口に運びます。ようやく落ち着いた頃、「暗くなるまで帰ってこない」と教えてくれるのです。

中にはライフラインが止まった部屋で、カップラーメンの麺をかじっていた子もいました。この日本で、です。

最近ようやく子どもの貧困が取り上げられるようになり、一日のご飯は学校の給食のみ、健康保険がないために歯の治療も受けられない、風邪をひいても病院に行けない等の情報が伝えられるようになりました。

他の子どもが持っている物を自分が持てないという事情を、子どもが無条件に受け入れるのは難しいことです。それでも愛情や笑いが溢れる生活であれば、前を向くこともできるかもしれません。しかし、家賃滞納世帯は経済的に追い詰められ、そんな余裕もなかなかないはずです。

　さらに家族関係・人間関係が希薄になってしまったと言われる中、声をかけてくれる「ご近所の人たち」も少なくなってしまいました。そこに住む誰もが子どもたちを見守る世の中は、遠い昔の話です。隣に住んでいる人の名前どころか、どんな人が住んでいるのかすら知らない、それが今の日本なのです。結局、いちばん弱い存在である子どもたちが、いちばん多くのしわ寄せに苦しんでいるのです。そして多くの子どもたちは、希望や夢を失っていきます。

　こういう現実を知っても、「他人事」のように受け取っている人もいるかもしれませんが、実は決して「他人事」ではありません。

　たくさん子どもが生まれ、元気に育ち、働いて税金を納めてくれる、これが健全な社会です。そこで初めて、国の財源が積み立てられることになります。

　ところが子どもたちが生まれず、せっかく生まれてきてくれたとしても、心健やかに育つ環境でもなく納税ができなければ、日本という国がますます貧困状態になります。そうなれば私たちの年金等の財源は、確実に枯渇していくでしょう。

つまり子どもの貧困は、決して他人事ではなく自分事なのです。かつての日本がそうであったように、子どもこそ、国の宝。地域が、社会が、国が子どもたちを育てていくといった視点を、再び取り戻すことが必要なのではないでしょうか。

子どもが子どもらしく笑顔で無邪気に走り回る、そんな社会にならなければ日本に未来はありません。

ひとり親家庭の貧困も社会の貧困につながる

ひとり親家庭の貧困問題も同様です。

子どもを育てるひとり親が、これだけ苦しい状況であることを知る若い女の子たちは、安心して子どもを産みたいと思うでしょうか。誰もが離婚の可能性があることくらい知っています。もしそのひとりになったら、自分がすべてを背負うことになるのか、そう考えると子どもを産むことを、人生のリスクと捉えてしまっても仕方がありません。子どもの数自体が減ってしまえば、ますます国は立ち行かなくなるのですから、これは誰にとってもゆゆしき事態なのです。

子どもを産まない女性を責める発言をする政治家もいますが、逆に子どもを安心して産める環境を整えて欲しい、そう願います。不安が払拭されれば、子どもを産みたいと考える女性はたくさんいるのです。

多くのひとり親が苦しんでいる理由の一つに、養育費が支払われないということがあるでしょう。最近ようやく共同親権が議論されだしましたが、養育費を支払わない親が実に多いのです。

確かに再婚して新しい家庭を持てば、そこでの生活費がかかるので、養育費の支払いまで手が回らないという見方もあるでしょう。しかし、別れた配偶者に託した子どもも、間違いなく自分の血を受け継いだ大切な子であることに変わりはありません。養育費を支払わないのは、虐待していることと同じです。生活苦に追われ、気持ちに余裕がなくなって我が子に手を上げてしまう親は責められるのに、なぜ養育費を払わないという虐待は責められないのでしょうか。

目の前に我が子がいれば、「お金がない」なんて言っていられず、なんとかして子どもにご飯を食べさせていくでしょう。離れて暮らしていたとしても、同じです。「お金がない」は理由になりません。お金がないなら、ダブルワークでもトリプルワークでもして、なんとか支払っていくべきなのです。シングルマザーがそうやって、髪の毛を振り乱して育児をしているように……。大切な我が子のために……。

私自身、養育費が支払われない中で本当に苦しい思いをしました。毎月通帳記帳するのが怖くて、これ以上傷つきたくなくて、記帳すらできなかったこともあります。生活が安定してきて初めて記帳して、やはり数年間一度も払われてなかったということも知りました。経済的に追い詰められてカツカツの生活をしていると、あぁ、ここで養育費があれば……なんどそう思ったでしょう。別れるときに裁判所で養育費の支払いが決められても、払わないのです。これが現実です。

離婚してから司法書士となった私は、自分で強制執行等をすることもできます。しかしながら、知識のないシングルマザーが、支払われない養育費の回収を誰かにお願いしようとすると費用がかかります。カツカツで困っている中で、その費用がどこから出るのでしょうか。そしてなんとか手続きの費用を捻出したとしても、回収できる確率は100％ではありません。差し押さえられて困る親は払います。払わない親はそもそも差し押さえられても困らないのです。そのため費用だけがかかり、回収できなかったという無念さだけが残ることが大半です。結局、泣き寝入りをするしかないのが現状なのです。

また中には暴力等から逃げるように、養育費の取り決めすらできずに別れてしまう夫婦もいます。

犠牲になるのは、親の、そして国の宝である子どもなのです。

特にシングルマザーの平均年収は、一般世帯より格段に低い状態です。その中で養育費すら支払われない追い詰められた環境。これが子どもたちにとって、いいはずがありません。

貧困は、心を蝕んでいきます。人から笑顔も奪います。追い詰められた生活は、心から余裕を奪っていきます。どうかすべての子どもたちが笑っていられるよう、決して貧困の犠牲とならないよう、養育費が確実に支払われる制度制定を心から願います。

おわりに

「貴女のせいで、どれだけ肩身の狭い思いをしていると思っているの？」

私が家族から言われた言葉です。


旧家の長男の父は、大正生まれの厳格者。親の望む生き方ができなかった私は、家族の中で決して認められる存在ではありませんでした。お見合いで結婚し、長男を出産後離婚を決意して実家に戻ったときも、そこに私の居場所はありませんでした。「自由を手に入れるしかない」そう思った私は、無謀だと思いつつ、まだ小さな息子とふたりで生きていく覚悟をしたのです。

合格できる保証もない司法書士試験。それでも息子が選択することに「お金がないから」と言いたくない一心で、働きながら育児しながら勉強するという極貧生活を6年もしました。合格した年、あの年を逃していたら、二度と合格できなかったというくらい、追い詰められた思いは限界に達していたと思います。

頑張ればいつかは認めてもらえるかもしれない、その僅かな希望は司法書士試験に合格しても叶いませんでした。経済的になんとか自立できても、私の心はどこか満たされないまま。その思いを払拭するように、仕事に没頭していったのだと思います。

司法書士として勤務した事務所の給与は、税込で20万円。なんとか自分の受託案件を増やして収入をアップしようと、子どもが学童保育やボーイスカウトに行った隙に不動産会社で飛び込み営業。何軒まわっても登記の仕事はいただけず、たまたま家賃を払わない賃借人に困っている営業マンと出会いました。決して狙ったわけでもなく、一件も実務の経験がないまま藁にもすがる思いで受託しました。それが16年前のことです。

それから出会った数々の滞納者たち。彼らは、ちょっと前の追い詰められた自分でした。孤独で、お金がなくて、不安で追い詰められて、助けも求められない……。大げさかもしれませんが、「私がいるから大丈夫だよ」そう言ってあげたくて、本来の司法書士業務の枠を超えて寄り添ってきました。その言葉を、苦しかった当時の自分がなによりも聞きたかったからです。

もちろんすべての滞納者たちに、受け入れられたわけではありません。たくさんの罵声を浴びせられ、「もうムリ」そう思って泣いたことも数えられません。それでもこうして延べ二千数百件の事件に携わってこられたのは、家主さんやそして滞納者からの「太田垣さんに会えてよかった」その一言が聞きたかったからだと思います。家族から認めてもらえない辛さを、仕事の「ありがとう」で補うことでバランスをとっていたのでしょう。安い物件に転居して、生活を立て直すことができた滞納者にお礼を言われることがありますが、助けてもらってきたのは私の方なのです。

滞納の世界に身を置くと、人々が考えている以上に今の日本は衰退に向かっていると感じます。なぜならそこに、人の愛を感じられないからです。

「お互いさま」の思いはなく、自己の権利ばかりを主張して義務はいったいどこにいったのでしょうか。「思いやり」の心は、どこに消えたのでしょうか。家族の縁はどんどん薄くなり、隣近所の付き合いもなくなり、人とのコミュニケーションはスマホ等のバーチャルな世界でのみ。ボランティアすら自分のポイントを上げるためのものとなり、子どもたちの元気な声がうるさいと保育園建設すら反対されてしまう。とても悲しい国になってしまいました。

極貧生活を経験した私が出した結論は、本当に困ったときに頼りになるのは、「お金じゃなくて人」。人材不足、AI時代と騒がれる今、必要とされるのはほんのちょっとの「お節介」な愛でしょう。心砕けることがあっても、この先も滞納者に寄り添い、シングルマザーや高齢者のために声を上げ続けていきたい、それが自分に与えられた使命だと思っています。

この16年でたくさんの「ありがとう」を言っていただいたおかげで、私は家族からの認めを求めなくなりました。両親も亡くなったいま、「がんばっているから安心していいよ」そう素直に言える自分がいます。

この本の出版にあたって、何度もくじけそうになる私を、ポプラ社の碇さんをはじめフリー編集者の熊本さん、そしてアップルシード・エージェンシーの宮原さんに支えていただきました。そして執筆のために実務を背負ってくれた事務所のスタッフ、応援してくださるすべての方々に感謝の気持ちでいっぱいです。心から幸せな人間だと、改めて思います。

この本が、少しでも皆さんの考えるきっかけになれば、これほど嬉しいことはありません。ひとりでも多くの笑顔を願いつつ……。

2019年春

太田垣　章子

太田垣章子《おおたがき・あやこ》

章（あや）司法書士事務所代表、司法書士。

30歳で、専業主婦から乳飲み子を抱えて離婚。シングルマザーとして6年にわたる極貧生活を経て、働きながら司法書士試験に合格。登記以外に家主側の訴訟代理人として、延べ2200件以上の家賃滞納者の明け渡し訴訟手続きを受託してきた賃貸トラブル解決のパイオニア的存在。トラブル解決の際は、常に現場へ足を運び、訴訟と並行して賃借人に寄り添ってきた。決して力で解決しようとせず滞納者の人生の仕切り直しをサポートするなど、多くの家主の信頼を得るだけでなく滞納者からも慕われる異色の司法書士でもある。

また、12年前から「全国賃貸住宅新聞」に連載を持ち、特に「司法書士太田垣章子のチンタイ事件簿」は7年以上にわたって人気のコラムとして今なお連載中。他にも大成ユーレックや三井不動産をはじめ、各ハウスメーカーが発行する家主向け会報誌に、相続問題や賃貸トラブルの解決・予防に関する記事を年間30本以上寄稿。さらに、年間50回以上、計600回以上にわたって、5万人以上の家主および不動産管理会社の方向けに「賃貸トラブル対策」に関する講演も行う。また自身の経験から、シングルマザー向けのコラムも担当。貧困を含め弱者に対して向ける目は、限りなく優しい。

著書に『2000人の大家さんを救った司法書士が教える　賃貸トラブルを防ぐ・解決する安心ガイド』（日本実業出版社）などがある。

【章（あや）司法書士事務所】 http://www.ohtagaki.jp
【あやちゃん先生のひとり言】 http://ameblo.jp/ohtagaki
【あやちゃん先生の賃貸お悩み相談室】 http://www.onayami.co.jp

著者エージェント　アップルシード・エージェンシー
カバーデザイン　bookwall
帯写真　スイマー／PIXTA（ピクスタ）
編集協力　熊本りか

本書で紹介されている事例はすべて、個人が特定されないよう
変更を加えており、名前は仮名となっています。

ポプラ新書
165
家賃滞納という貧困

2019年2月7日 第1刷発行
2019年2月27日 第2刷

著者
太田垣章子

発行者
長谷川 均

編集
碇 耕一

発行所
株式会社 ポプラ社
〒102-8519 東京都千代田区麹町 4-2-6
電話 03-5877-8109(営業) 03-5877-8112(編集)
一般書事業局ホームページ www.webasta.jp

ブックデザイン
鈴木成一デザイン室

印刷・製本
図書印刷株式会社

N.D.C.916/230P/18cm ISBN978-4-591-16209-5

P8201165

生きるとは共に未来を語ること　共に希望を語ること

昭和二十二年、ポプラ社は、戦後の荒廃した東京の焼け跡を目のあたりにし、次の世代の日本を創るべき子どもたちが、ポプラ（白楊）の樹のように、まっすぐにすくすくと成長することを願って、児童図書専門出版社として創業いたしました。

創業以来、すでに六十六年の歳月が経ち、何人たりとも予測できない不透明な世界が出現してしまいました。

この未曾有の混迷と閉塞感におおいつくされた日本の現状を鑑みるにつけ、私どもは出版人としていかなる国家像、いかなる日本人像、そしてグローバル化しボーダレス化した世界的状況の裡で、いかなる人類像を創造しなければならないかという、大命題に応えるべく、強靭な志をもち、共に未来を語り共に希望を語りあえる状況を創ることこそ、私どもに課せられた最大の使命だと考えます。

ポプラ社は創業の原点にもどり、人々がすこやかにすくすくと、生きる喜びを感じられる世界を実現させることに希いと祈りをこめて、ここにポプラ新書を創刊するものです。

未来への挑戦！

平成二十五年　九月吉日　　株式会社ポプラ社